D1350681

REJOIGNEZ LA COMMUNAUTÉ DES LECTEURS MALINS !

Inscrivez-vous à notre newsletter et recevez chaque mois :
- des conseils inédits pour vous sentir bien ;
- des interviews et des vidéos exclusives ;
- des avant-premières, des bonus et des jeux !

Rendez-vous sur la page :
https://tinyurl.com/newsletterleduc

Découvrez aussi notre catalogue complet en ligne sur notre site :
www.editionsleduc.com

Enfin, retrouvez toujours plus d'astuces et de bons conseils malins
sur notre blog : **www.quotidienmalin.com**
sur notre page Facebook : **www.facebook.com/QuotidienMalin**

Mise en page : Emilie Guillemin
Illustrations : Fotolia
Conseil éditorial : Sophie Carquain

© 2017 Leduc.s Éditions
Cinquième impression (mai 2019)
10, place des Cinq-Martyrs-du-Lycée-Buffon
75015 Paris – France
ISBN : 979-10-285-0302-4
ISSN : 2425-4355

C'EST MALIN

BÉATRICE LORANT

J'ARRÊTE DE TROP PENSER

SOMMAIRE

INTRODUCTION

Arrêter, quand elle le déciderait, de « trop » penser, voilà ce dont rêve Cécile... Chaque soir, elle met une bonne demi-heure à s'endormir. Au moment pile où elle se glisse sous la couette, enfin au calme, son cerveau semble à l'inverse s'éveiller : quel meilleur plan trouver à la présentation du projet qu'elle doit faire d'ici deux jours à l'un de ses clients ? Doit-elle plutôt prévoir un gâteau au chocolat pour l'anniversaire de sa fille ou un gâteau aux poires ? Louise préférerait sûrement aux poires, mais pas forcément les copains... Le matin, Cécile s'avoue souvent fatiguée mais cette cavalcade cérébrale fait tellement partie de sa vie qu'elle ne voit pas comment l'arrêter. Alors, elle laisse la machine allumée. Parfois même, elle le reconnaît, elle aime sentir que son cerveau veille pendant qu'elle dort. Savoir qu'elle pense la rassure...

Peut-être partagez-vous cette ambivalence. Après tout, nous sommes tous heureux de penser ! C'est ce qui nous prouve que nous sommes vivants. Et ce qui nous distingue radicalement de l'animal. Cette capacité à inventer, remettre en questions, douter, voilà ce qui nous élève, ce qui transcende notre fragilité de roseau, pour reprendre le philosophe Pascal. « L'homme est visiblement fait pour penser ; c'est toute sa dignité », écrit-il. Il est donc normal que nous en éprouvions du plaisir et de la fierté. C'est si bon de comprendre, de concevoir. Si jubilatoire de vagabonder d'une idée à une autre. Mais c'est si agaçant, aussi, de n'avoir pas de bouton « off ». Si épuisant de rester à la lisière du sommeil, le cerveau en ébullition... Parce que penser est certes un atout. Mais trop penser relève du handicap. Parfois, vous moulinez tant et tant que vous peinez à prendre une décision, à trouver une solution. Vous sortez accablé d'une réunion, parce qu'à vous être perdu dans l'analyse de chaque argument et contre-argument, vous n'êtes pas parvenu à communiquer l'idée maîtresse qui vous tenait à cœur. Vous voudriez tout comprendre pour ne plus avoir à courir mentalement derrière toutes les réponses...

Autour de vous, tout le monde dresse le même constat : « Arrête de te faire des nœuds au cerveau », « Oh ! là, là ! tu te prends la tête pour rien », « Mais qu'est-ce que tu te compliques la vie »... Pour les autres, tout cela semble si simple, si évident. Alors vous finissez par croire que vous n'êtes pas tout à fait normal, que vous avez un TOC (trouble obsessionnel compulsif). Évidemment, il n'en est rien. Vous êtes « juste » un hyperpenseur ! Susan Nolen-Hoeksema, du département de Psychologie de l'université de Yale, aux États-Unis, a été la première à pointer ces « ruminations mentales », au début des années 2000. Au terme d'une étude menée sur 1 300 personnes choisies au hasard, cette spécialiste des troubles de l'humeur et de l'anxiété a découvert que 63 % des jeunes adultes et 52 % des quadras pouvaient être considérés comme des « overthinkers ».

Dans cet ouvrage, nous allons vous aider à comprendre ce qui suscite en vous toutes ces pensées et ce que cet embouteillage provoque comme émotions et sentiments. Ensuite, nous verrons avec vous comment calmer cette hyperactivité cérébrale et pour finir, une fois votre esprit apaisé, comment trier, classer vos idées. Vous verrez alors que vous serez plus rapide, plus efficace. Libéré de vos pensées parasites, vous serez enfin libre de penser vraiment.

LE PORTRAIT-ROBOT D'UN HYPERPENSEUR

≪ Trop » penser, ça veut dire quoi ?

Déjà, commençons par nous mettre d'accord sur ce que « penser » signifie. Le dictionnaire nous indique qu'il s'agit d'« exercer son esprit », de « former des idées », de « concevoir par l'intelligence », de « combiner, organiser des concepts »... Mais aussi que penser peut être synonyme de « s'imaginer », « avoir l'impression, le sentiment ». Penser, ce n'est donc pas seulement réfléchir. C'est aussi ressentir. Mieux encore : neurologues et psychiatres savent depuis le milieu du XXe siècle que ce que nous ressentons justement (nos impressions, nos émotions, nos intuitions) détermine nos réflexions, infléchit nos décisions. C'est vrai pour l'ensemble des êtres humains. Alors imaginez maintenant ce qu'il se passe pour vous qui n'avez aucun filtre, qui ressentez intensément et continuellement tout ce qui vous entoure. Toute la journée, au gré de vos émotions, vous changez d'avis, d'envie, d'idée. Parce qu'être un hyperpenseur, c'est avant tout être un hypersensible.

Chapitre 1

Vous avez une hyperperception du monde

Vous êtes une sorte d'éponge à sensations et à émotions, une parabole continuellement déployée. Où que vous alliez, quoi que vous fassiez, vos capteurs fins et puissants vous renseignent en continu sur votre environnement et déterminent vos pensées, vos avis, vos jugements.

66 *Témoignage – Emmanuelle, 48 ans, journaliste*

« Quand j'ai trouvé mon appartement, j'ai su que je le prendrais au moment même où le vendeur a ouvert la porte. Pourtant, c'était vraiment une ruine : le sol était complètement défoncé et il n'y avait ni cuisine ni salle de bains. Mais je m'y suis instantanément projetée, j'ai su tout de suite ce que j'allais en faire. J'y habite maintenant depuis dix ans avec ma fille et tous ceux qui nous rendent visite me disent à quel point ils se sentent bien chez moi, à quel point de "bonnes ondes" émanent du lieu. » 99

Emmanuelle perçoit avec bonheur la sérénité d'un espace, comme elle sent l'harmonie d'un couple et la joie qui unit une assemblée d'amis. Mais évidemment, elle sent avec la même justesse la fausseté, la perfidie, la rancœur ou la jalousie. Elle reçoit comme un uppercut les tensions entre collègues, le potentiel agressif d'un passager du métro, la colère muette. Parfois, Emmanuelle aimerait ne pas toujours tout sentir, tout le temps...

DES SENS NATURELLEMENT EN ÉTAT D'ALERTE

Emmanuelle est une « hyper » tout : hyperémotive, hypersensible, elle est d'abord « hyperesthésique ». Autrement dit, elle a les cinq sens très développés, dotés d'une acuité exceptionnelle. Vous aussi, certainement, même si vous n'en êtes pas toujours conscient...

Une « hyperoreille »

Par exemple, vous entendez le moindre bruit. Celui que les autres ne perçoivent pas ou à peine, vous le distinguez sans effort. Cette perception aiguë des sons qui vous entourent peut évidemment être un plus, notamment quand vous écoutez de la musique. Vous sentez tout de

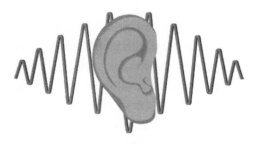

suite, avec une grande finesse, si les musiciens de l'orchestre jouent en harmonie, si l'un d'eux est un peu trop fort, trop faible, à côté. Vous pouvez dire si cet enregistrement est meilleur que tel autre et même sans être vous-même musicien, vous avez le sens de la note juste. Certains disent d'ailleurs de vous que vous avez l'oreille absolue ! Mais cette hyperperception n'est pas toujours agréable. Entendre tout, tout le temps, peut être source d'angoisses et de distraction.

" " *Témoignage – Emmanuelle, 48 ans, journaliste*

« Si j'entends un bruit inconnu dans l'immeuble – la nouvelle ventilation d'un voisin ? Un objet qui cogne dans le tambour d'un lointain lave-linge ? –, je n'entends plus que lui et je veux absolument l'identifier. » " "

Vous n'entendez pas seulement plus finement. Vous entendez aussi plus fort. Dans la rue, disons en ville d'une manière générale, les choses s'avèrent parfois difficilement supportables : la circulation automobile, avec ses coups d'accélérateur ou de frein, ses klaxons, la musique qui s'échappe parfois à fond des habitacles, crée une gigantesque cacophonie. Par anticipation, l'enfant hyperesthésique se bouche les oreilles dès qu'il voit, au loin, une ambulance ou un camion de pompier foncer vers lui à vive allure, toutes sirènes hurlantes. Même chose à chaque crissement d'essieu, quand le métro prend un virage ou entre en station...

En tant qu'adulte, vous avez évidemment quelques années d'expérience derrière vous. Vous ne vous bouchez plus ostensiblement les oreilles en public. Mais vous grimacez, soupirez, sursautez toujours autant. Comme votre cœur, votre attention fait des bonds en permanence et la nuit, pour vraiment déconnecter, vous avez souvent besoin de bouchons d'oreilles.

 Exercice

Dans la rue (ou dans le bus), prenez 5 minutes pour écouter et séparer les bruits qui vous environnent. Distinguez-vous le lointain brouhaha d'une cour de récréation derrière le bruit de la moto qui démarre au feu vert ? La chanson dans le casque de votre voisin derrière la conversation de deux passagers ?

Des « *hyperyeux* »

Votre vue aussi est plus perçante. La toile d'araignée perlée de gouttes de pluie, vous la remarquez sans peine dans le rosier. Après deux trajets en voiture depuis le centre-ville, vous savez revenir à la maison louée pour les vacances. Vous avez repéré qu'à l'angle de la rue que vous devez prendre, le lampadaire est un peu plus penché que les autres. Cette faculté exceptionnelle, peut-être l'ignorez-vous. L'enfant, par exemple, la considère comme tout à fait normale. Il voit, c'est tout. Mais ce qu'il ne voit pas, c'est à quel point il se sert de ses yeux de lynx ! À quel point il scanne en permanence son univers, jusqu'à en retirer parfois une certaine inquiétude. Exemple : en entrant dans une pièce, Paul, 8 ans, repère systématiquement les lieux, de manière photographique. Le lendemain, si un objet a changé de place ou si l'une des photos d'un petit présentoir a été remplacée par une autre, il le remarque très vite. Et, bien sûr, il demande pourquoi. Pourquoi tout bouge tout le temps, même le décor quotidien, censé être stable ?... Le même, devenu adulte, saura instantanément si vous êtes en colère, joyeux, fatigué. Le moindre haussement de sourcil, la micro-ombre sous la paupière inférieure, le petit éclat dans l'œil... Il ne vous regarde pas, il vous scrute. Et analyse en permanence ses observations : pourquoi vient-elle de tordre très légèrement du nez en m'écoutant ? Et hop ! la machine à « pensailler » est relancée...

Un « hypernez » et des « hyperpapilles »

Votre ouïe, votre vision... Sans doute votre goût et votre odorat, très liés, sont-ils eux aussi hyperdéveloppés.

❝ Témoignage – Anne, 45 ans, avocate

« Petite, j'étais la goûteuse de la famille. C'était toujours moi que ma mère, mon père ou ma grand-mère appelait pour tester un plat : manque de sel, de vinaigre ou de moutarde, d'un je-ne-sais-quoi qui pourrait être de la vanille ou des herbes de Provence ! J'avais toujours un avis et j'étais considérée comme un bec fin dès l'âge de 7 ans ! » ❞

Aujourd'hui, Anne est évidemment une amatrice éclairée de vin. En revanche, elle est fortement indisposée par les parfums synthétiques ou les odeurs corporelles, au point qu'elle a parfois du mal à ne pas être agacée par certain(e)s de ses client(e)s, qu'elle a instantanément « dans le nez »...

DES SENS SURSTIMULÉS PAR NOTRE SOCIÉTÉ

Être un hyperesthésique dans un monde de flux, où une alerte Internet chasse l'autre en temps réel, c'est un peu comme courir un 100 mètres avec un handicap... Ça n'aide pas. Sursollicité par les flashs infos, les e-mails, les SMS, les tweets, les appels téléphoniques, vous avez de moins en moins de « temps de cerveau disponible », pour reprendre la célèbre formule de Patrick Le Lay, quand il était encore P.-D.G. de TF1*. Car la révolution technologique a complètement fragmenté notre capacité de concentration. Au point de donner naissance à un nouveau syndrome, appelé la « crise de l'attention ».

---

* « Pour qu'un message publicitaire soit perçu, il faut que le cerveau du téléspectateur soit disponible. Nos émissions ont pour vocation de le rendre disponible : c'est-à-dire de le divertir, de le détendre pour le préparer entre deux messages. Ce que nous vendons à Coca-Cola, c'est du temps de cerveau humain disponible. » – Patrick Le Lay, interrogé en 2004 dans le livre *Les Dirigeants face au changement* (Les Éditions du huitième jour).

Exercice

Comptez combien d'e-mails et/ou de SMS vous recevez et envoyez en une heure. Les lisez-vous tous ? Vous interrompez-vous dans ce que vous faites pour vous y intéresser et y répondre ou attendez-vous d'être plus disponible ?

Jamais sans mon smartphone

Une étude de 2015 sur le comportement des Français avec leur mobile* montre d'ailleurs que 50 % d'entre eux utilisent leur smartphone « presque toujours, très souvent ou occasionnellement » en regardant la télévision, et plus de 30 % pendant un moment en famille ou avec des amis... Autrement dit, nous sommes de moins en moins capables d'être « pleinement » présents à ce que nous faisons. Même avec notre conjoint, nos enfants, nos amis, le téléphone ne nous lâche pas : il faut que nous envoyions un SMS, que nous regardions notre page Facebook, que nous consultions nos e-mails, voire que nous jouions à un petit jeu électronique... À

---

* Étude Deloitte « Usages mobiles 2015 », réalisée en France avec Ipsos auprès de 1 829 détenteurs de téléphone mobile standard ou smartphone.

force de nous disperser, il nous arrive même de nous mettre en danger (et d'être dangereux pour les autres). Dans les grandes villes par exemple, les piétons qui déambulent portable à l'oreille ou devant les yeux sont de plus en plus nombreux. Sans doute pensent-ils pouvoir marcher – activité mécanique et répétitive – tout en échangeant des messages ou en tenant une conversation téléphonique.

 Exercice

En allant faire vos courses (prendre le bus, etc.), regardez autour de vous combien de personnes utilisent leur smartphone sur le trottoir...

Une invasion de « smombies »

Toutefois, ce que ces piétons ignorent, c'est que notre capacité d'attention est naturellement limitée. Ils mettront bien un pied devant l'autre, mais si leur échange de SMS les accapare au point de les déconnecter de leur environnement réel, ils pourront percuter un autre piéton ou, pire, se faire renverser par une voiture en traversant au feu vert... Ces piétons du troisième type s'appellent désormais des « smombies », contraction de smartphone et zombie. Selon une étude menée en 2014 dans six capitales européennes, ils seraient 17 % à avoir un comportement à risque à cause de leur téléphone...

En tant qu'hyperpenseur, hyperréceptif à tous les stimuli que vous captez, vous faites très vraisemblablement partie de ces 17 %. Une sonnerie, un « bip » notifiant la réception d'un SMS ou une alerte e-mail, et vous avez sans doute du mal à résister...

" *Témoignage – Catherine, 51 ans, cadre supérieur*

« J'ai mis du temps à avoir un téléphone portable, parce que je savais que je ne pourrais pas ne pas décrocher. Je traite toujours tout, même si ça me dérange. » **"**

Un monde de bips

Et si encore vous n'étiez dérangé que par vos propres outils technologiques... Mais vous l'êtes aussi par ceux des autres. Partout retentissent les bips, les sonneries et les bruitages des appareils de vos voisins de train, de bus, de files d'attente.

Les sens constamment en alerte, vous écoutez des conversations en consultant vos propres e-mails, vous lisez un début de message par-dessus une épaule, vous suivez une partie de Candy Crush sur le smartphone de votre voisin. Et même quand vous avez éteint téléphone, tablette et ordinateur, vous avez les yeux et les oreilles attirés par toutes les publicités qui vous environnent : les affiches qui s'étalent à l'arrière des bus, sur des panneaux déroulants, sur les sets en papier des restaurants ; les spots qui hachent les séries télévisées ou s'imposent à l'ouverture d'un site Internet... Sans vous en apercevoir la plupart du temps, vous êtes en permanence distrait.

UNE SENSIBILITÉ EXACERBÉE

Évidemment, quand on sent tout plus fort, on ressent tout plus fort aussi... Brutalement saisi par la beauté d'un paysage apparu au sommet d'une colline, vous éprouvez une grande joie, un sentiment de plénitude, l'impression d'être en harmonie avec le monde. Et puis la seconde suivante, en accélérant, vous vous rappelez que vous traversez ce paysage à 130 à l'heure sur une autoroute très fréquentée et que vous participez à le gâcher... En une fraction de seconde, vous êtes passé de l'euphorie à la tristesse.

Les montagnes russes émotionnelles

Chez vous, rien ne glisse. Parce que vos sens captent tout plus finement et plus fort, vous êtes parfois au bord du débordement, voire du cataclysme émotionnel. Toute la journée, allégresse, désir, colère, tristesse, inquiétude se succèdent chez vous par bouffées. Telle chanson, entendue dans la voiture, vous donne immédiatement envie de chanter. Vous montez le son, vous dansez au volant et vous notez mentalement son titre pour pouvoir la télécharger sur votre play-list et vous la passer en boucle. En revanche, vous aurez du mal à supporter la même chanson, bourdonnant à travers les écouteurs de votre voisin de TGV. De même, vous pouvez être exaspéré par cette télévision allumée dans le salon, à côté de laquelle tout le monde discute sans la regarder. Vous êtes peut-être fan de la série diffusée mais là, ces images animées en toile de fond, ces bruitages, ces voix incompréhensibles, cet habillage musical, vous n'en pouvez plus.

Une question de seuil

Subitement, vous allez demander que quelqu'un éteigne le poste. Quitte à vous en vouloir, dans la minute qui suit, de vous être manifesté avec autant d'ardeur quand personne d'autre que vous n'avait l'air agacé... Ce qui était d'ailleurs sûrement le cas. Car les sens de vos voisins fonctionnent a priori « normalement ». Pour qu'ils déclenchent une émotion, il leur faut une stimulation plus vive. Tant que le seuil n'est pas atteint, l'indifférence règne. Au-dessus, leurs mécanismes de régulation émotionnelle font le tri entre ce qui relève de la contrariété passagère et ce qui provoque un agacement majeur, ce qui suscite un plaisir fugace et ce qui procure un bonheur plein et entier... Mais comme le trafic, chez vous, est continuellement saturé, votre tour de contrôle est toujours en surchauffe. En état d'hypervigilance, elle applique le même degré d'intensité à tout ce que vous éprouvez et elle ne vous permet plus de faire ce que les autres appellent « la part des choses »... Parfois même, une situation provoque chez vous un tel embouteillage émotionnel que tout se mélange et que vous ne savez plus si vous êtes plus content qu'inquiet, plus triste qu'en colère...

Exercice

Prenez 10 minutes pour identifier l'émotion que vous pensez manifester le plus souvent (et demandez leur avis à vos proches). La joie, la peur, la colère, la tristesse, la culpabilité ? Aucune ? Toutes ? Déterminer votre profil émotionnel majoritaire, c'est commencer à démêler la pelote de votre fonctionnement cérébral.

L'empathie poussée au maximum

Si tous les stimuli envoyés en continu par votre environnement quotidien vous touchent, imaginez ce qu'il en est des « messages » que vous enregistrez directement de vos semblables. Surréceptif aux ambiances, à la communication non-verbale (les attitudes, les non-dits, les sous-entendus...), vous sentez immédiatement si l'atmosphère est légère ou tendue, vous décodez instantanément les expressions du visage, le ton de la voix, les discours... Vous ne pouvez pas écouter, voir, observer, sans ressentir vivement. Et forcément, toutes ces informations d'ordre émotionnel colorent ensuite votre analyse des gens, de la situation, mais aussi de vous-même, de ce que vous êtes en train de dire ou faire.

Avant même d'avoir fini votre phrase, vous savez si vous intéressez ou non votre interlocuteur, s'il vous a compris ou non. Et vous savez également dans quel état émotionnel il se trouve à la manière dont il se tient, à son regard, ses petits gestes, les mouvements de son visage. Vous absorbez tout, comme une éponge. Ce qui vous rend particulièrement empathique, même auprès de gens que vous ne connaissez pas.

66 *Témoignage – Anne, 45 ans, avocate*

« L'autre jour, j'ai croisé une vieille dame devant chez moi qui marchait difficilement en s'appuyant sur son caddie. Elle a marqué un temps d'arrêt quand je suis arrivée à sa hauteur et j'ai vu qu'elle avait l'air un peu désemparé. Je me suis sentie obligée de m'arrêter et de lui demander si elle avait besoin d'aide. En fait, elle habitait l'immeuble voisin du mien, elle s'était fait posé depuis peu une prothèse de hanche et depuis, elle appréhendait toujours de ne pas pouvoir pousser la lourde porte qui ouvre sur la rue, surtout quand elle était chargée. J'ai donc composé son code, ouvert la porte, hissé son caddie jusqu'à l'ascenseur, quelques marches plus haut, et finalement, comme je voyais qu'elle était contente d'avoir quelqu'un à qui parler, je l'ai accompagnée jusqu'à son appartement... » 99

Chapitre 2

Vous pensez à tout en même temps

Certaines personnes pensent en mode « déroulant ». Pour s'en convaincre, il suffit de les écouter. Quand elles exposent leur point de vue, leurs réflexions, elles le font en suivant un truc formidable : un « fil conducteur » ! Elles pensent comme elles monteraient un meuble en kit, de manière organisée, hiérarchisée : « premièrement », « deuxièmement »... Dans leur tête, tout s'enchaîne, tout

s'emboîte pour former un résultat clair et cohérent.

UNE PENSÉE EN « FEU D'ARTIFICE »

Cette pensée structurée fascine l'hyperpenseur que vous êtes ! Car il va de soi que vous ne réfléchissez pas du tout de cette manière. Tous vos capteurs fonctionnant en même temps, votre cerveau recueille une masse d'informations simultanées qui circulent d'une synapse à une autre à la vitesse de la lumière. Quand vous pensez à quelque chose, votre réflexion, nourrie de vos émotions, intuitions, souvenirs, sons, odeurs... se déploie dans plusieurs directions en même temps. Par analogie, une idée en amène une autre, qui renvoie à une couleur, un mot... Vous avez ce qu'on appelle une pensée en arborescence, qui éclate en une multitude de ramifications, comme un feu d'artifice. Vous n'en êtes pas forcément conscient. Peut-être avez-vous davantage l'impression de penser dans tous les sens...

Exercice

Prenez 5 minutes pour penser à l'organisation de vos prochaines vacances. Visualisez le mot « vacances » au centre de votre espace mental et laissez-vous porter. Notez ensuite rapidement à quoi le mot vous renvoie (mer, neige, valise, pansements, ennui, papiers d'identité, musique ?). Dans un premier temps, vous allez juste observer jusqu'où une idée peut vous mener. Plus tard, nous vous aiderons à organiser et optimiser votre récolte.

Au quotidien, vous faites partie de ces gens qui ne lisent pas toujours la table des matières avant de commencer un livre. D'ailleurs, vous ne lisez pas forcément l'ouvrage en entier. Vous le feuilletez, le parcourez très vite, vous arrêtant ici ou là, revenant en arrière si un passage vous intéresse davantage, vous interrompant pour aller vérifier ou approfondir quelque chose dans le dictionnaire ou sur Internet.

UNE PENSÉE EN 3D

Avoir un esprit qui se déploie en arborescence, c'est aussi penser sur plusieurs axes en même temps. Autrement dit, vous ne vous contentez pas de faire les choses, vous vous regardez les faire, vous observez la réaction des autres, autour de vous, et vous analysez la scène avec la plus grande attention, évidemment.

" *Témoignage – Emmanuelle, 48 ans, journaliste*

« La première fois que ça m'est arrivé, je devais avoir 13 ans. Mes parents recevaient des amis, on était tous au salon et quelqu'un venait de me demander comment se passait le collège. Pendant que j'essayais de répondre, le cœur battant la chamade, j'ai eu subitement le sentiment de me dédoubler et d'observer la scène depuis le plafond : je me regardais parler, je voyais mes mains s'agiter, tous les yeux tournés vers moi. J'ai eu très peur. J'ai cru que je devenais schizophrène. » **"**

On pourrait trouver cette expérience d'extra-corporéité attirante. Mais pas l'hyperpenseur, qui ne la maîtrise pas... Conséquence de son hypersensibilité et de sa capacité à penser

sur plusieurs canaux en même temps,
elle s'impose à lui soudainement.
Et fractionne encore un peu plus
son attention parce que, d'an-
ticipations des réactions de
l'entourage en décodages, elle
l'oblige à ajuster son comportement et son propos en temps réel.
Emmanuelle le confirme : elle n'a
certes plus peur de ses manifestations
de « dédoublement » (donc en éprouve de moins
en moins violemment) mais en état de stress,
il lui faut faire un gros effort de concentration
pour se focaliser sur ce qu'elle est en train de
dire et faire abstraction de la manière dont
elle parle, se tient, bouge ses mains, de la façon
dont les autres la regardent et la comprennent...

UNE PENSÉE QUI S'ÉPANOUIT
DANS LA COMPLEXITÉ

Votre esprit est branché sur le courant continu,
vous l'avez bien compris. Mieux vaut donc lui
donner du grain à moudre, sinon il mouline
de toute façon, mais dans le vide. Focalisé en
revanche sur une tâche précise et de préférence

complexe, ouvrant de multiples perspectives, il explore toutes les hypothèses et épuise le sujet. Si l'enjeu est de résoudre un problème, de dégager des solutions, vous êtes la personne idéale. Comme une meute de chiens de chasse lancés « à fond » sur l'objectif, votre pensée en arborescence est d'une efficacité redoutable. Exemple : votre patron a une idée. Il a confiance en vous et vous la soumet pour avis. Quasi immédiatement, vous savez si l'idée mérite ou non d'être creusée. Vous voyez tout de suite le nombre de pistes qu'elle ouvre, le nombre et la taille des obstacles que chaque piste soulève, la facilité ou non que vous aurez à les surmonter... Vous estimerez alors ce qui est à éviter ou à prévoir pour faire tomber tous les « mais » susceptibles de faire capoter l'idée, et obtiendrez, au final, une ou deux pistes intéressantes à creuser. Au contraire, si vous ne visualisez qu'un labyrinthe sans issue, dont toutes les pistes sont minées de problèmes qui en créent d'autres, vous conclurez qu'il vaut mieux, peut-être, écarter l'idée.

Chapitre 3

Vous rêvez
de tout maîtriser

Imaginez un personnage qui se déplacerait partout les bras tellement chargés qu'il laisserait sans arrêt tomber des affaires par terre. Je grossis un peu le trait, bien sûr, mais votre cerveau en expansion permanente déborde tout de même assez régulièrement, sans crier gare. D'où votre volonté de le contrôler.

TOUT COMPRENDRE

Puisque tout, chez vous, est matière à supputation, analyse et contre-analyse, il vous faut tout comprendre au plus vite. Votre tranquillité est à ce prix. Sinon, votre scanner cérébral balaie sans relâche la bande passante, de « oui, mais » en « non, mais », jusqu'à ce qu'il accroche la bonne station, celle qui lui délivrera enfin l'information satisfaisante. Concrètement, cela se traduit par une analyse minutieuse de chaque scène, chaque proposition, chaque idée considérée sous tous ses angles, comme vous observeriez un Rubik's Cube.

Chercher un sens à tout

Vous cherchez la raison d'être des choses, le « pourquoi » : forcément, ce que vous notez, ce qu'on vous dit ou ce qu'on vous montre a un sens. Les gens, sinon, seraient-ils absurdes ? Parleraient-ils pour ne rien dire ? Dans votre esprit d'hyperpenseur, ça n'est possible. On s'exprime forcément pour dire quelque chose. Et quelque chose de sensé. Sinon, à quoi bon... Dans la réalité pourtant, tous ceux qui s'adressent à vous n'ont pas toujours quelque chose de spécifique à VOUS dire. Parfois, ils évoquent juste ce dont ils ont envie, ce qu'ils ressentent en voyant ci ou ça, ce qu'ils regrettent... Sans aucun rapport avec vous. Mais vous craignez malgré tout que quelque chose vous échappe...

Peut-être y a-t-il un sens caché ? Un message subliminal ? Une demande ou, pire encore, une critique implicite ?

" Témoignage – Emmanuelle, 48 ans, journaliste

« Il n'y a pas longtemps, mon compagnon et moi étions assis dans le salon, en train de lire. Le soleil brillait depuis peu et il me dit : "C'est super, il fait beau." Ce que j'ai traduit par : il veut qu'on sorte, il en a marre d'être enfermé à la maison... Mais quand je le lui ai demandé, il m'a répondu : "Non, pas du tout. On est très bien là. C'est juste agréable de sentir le soleil." Parfois, je sens que ça l'agace que je surinterprète tout comme ça. »

Car pour vous, il n'y a là aucune « surinterprétation ». Si vous dites quelque chose d'aussi anodin (insignifiant selon vos critères) qu'« il fait beau » et que, légitimement, votre interlocuteur vous répond « c'est vrai », vous allez potentiellement penser que vous auriez mieux fait de vous taire : à quoi bon dire ça ? On le voit bien qu'il fait beau ! La preuve, il n'a rien d'autre à me répondre que « c'est vrai ». Exprimer un simple constat n'a aucun sens. C'est inutile.

Vouloir la précision

Si les mots ne sont pas employés de manière précise et rigoureuse, ils ouvrent là encore la porte à toutes les interprétations, donc à l'incompréhension, donc à l'enfer ! « Qu'est-ce que tu veux dire exactement ? » est sans doute l'une des questions les plus fréquentes de l'hyper-penseur. Vos interlocuteurs ne voient pas toujours comment reformuler plus clairement leur pensée ou leur question, jugent que vous accordez trop d'importance à ce qui relève pour eux d'un détail. Ils vous reprochent régulière-ment d'être tatillon, intellectuellement rigide, chipoteur, parfois « parano ». La plupart du temps, vous voulez simplement être SÛR de bien comprendre ce qu'ils vous expliquent. Pour vous, chaque mot a un sens bien précis (vous y avez longuement réfléchi...), au point que vous ne comprenez pas le flou, ne savez pas répondre à une question vague, butez et reformulez plusieurs fois votre phrase si vous sentez que « ce n'est pas exactement » ce que vous voulez dire...

ÉVITER DE SE LAISSER SURPRENDRE

Prévoir, anticiper pour ne pas avoir de « mauvaise surprise », tel est l'enjeu. Vous épluchez chaque possibilité et ses conséquences pour être bien sûr de ne pas être pris au dépourvu. Vous argumentez sur tout et on vous reproche de toujours vouloir avoir raison. Souvent, vous voulez juste avoir le dernier mot pour ne pas être obligé de réfléchir à ce qui vient d'être énoncé. Vous souhaitez juste clore la conversation pour ne pas remettre en question la paix que vous pensiez enfin avoir trouvée. Cueilli par surprise sinon, vous ne savez plus quoi penser. La confusion revient en force, tout s'embrouille. Et vous devez tout recommencer.

> *Témoignage – Benjamin, 30 ans, ingénieur*
>
> « J'ai besoin de tout analyser, tout décortiquer, tout intellectualiser. Mais je sais que ce besoin se manifeste quand la partie humaine, donc l'affect, est en jeu. Dans la partie managériale de mon travail, par exemple, je me pose beaucoup de questions. Est-ce que j'ai été assez précis dans ma demande ? Comment l'a-t-il comprise ? Comment

va-t-il réagir ? Est-ce que je n'aurais pas dû présenter les choses autrement ? Je n'ai pas ce problème quand je dois prendre une décision technique parce que là, il n'y a pas à tergiverser. Il y a des règles mécaniques et physiques qui prennent le dessus et s'appliquent. » **,,**

POUR RÉSUMER

- Nos pensées ne sont pas seulement fonction de nos capacités intellectuelles. Elles sont aussi colorées par nos perceptions et nos émotions. Chez vous, elles le sont d'autant plus que tous vos sens sont particulièrement fins et en alerte permanente. Vous percevez donc sans cesse votre environnement avec une précision et une intensité étonnantes. Luminosité, couleurs et détails, sons et bruits, parfums et odeurs... Rien ou presque ne vous échappe.
- Hyperdéveloppés, vos sens sont plus sensibles aux sollicitations de vos smartphone, tablette et ordinateur. Résister à toutes ces demandes vous est très difficile. Vous vous sentez obligé de réagir en temps réel.
- Comme vous sentez tout plus fort, vous ressentez tout plus fort. Vos sensations se

transformer toutes en émotions et l'une chassant l'autre, vous pouvez très vite passer d'un enthousiasme débordant à l'accablement le plus total. Cette hypersensibilité est particulièrement manifeste dans votre rapport aux autres. Vous êtes hyperempathique. Autrement dit, vous éprouvez toutes les émotions de vos interlocuteurs, que vous les connaissiez ou non.

- Vos antennes vous rapportent une foule d'informations tous azimuts, qui se complètent, s'annulent, passent d'un thème à un autre. Vous pensez et repensez à mille choses à la fois et vous passez beaucoup de temps à ajuster votre manière d'être et d'agir à ce que vous concluez, déconcluez, reconcluez.

- Parce qu'elle se déploie sur plusieurs axes, votre pensée en arborescence adore la complexité. Cela lui permet de ne pas balayer le vide et d'exploiter à fond ses capacités d'exploration. Un problème ? Super ! Vous allez passer en revue toutes les hypothèses, jusqu'à la solution.

- Puisque vous pensez et repensez toujours à tout, vous voulez au plus vite les réponses qui stopperont la course de votre scanner cérébral. Pour cela, vous passez en revue toutes les hypothèses, vous cherchez le sens de chaque chose, le plus précisément possible.

« TROP » PENSER, ÇA PROVOQUE QUOI ?

Imaginez que vous ayez la capacité de courir vite, loin, longtemps. Mais que vous deviez le faire sans savoir pourquoi, jusqu'où, combien de temps, ni à quelle vitesse... Il semble évident qu'à un moment donné, vous seriez fatigué. Vous le seriez physiquement bien sûr, mais aussi intellectuellement car vous perdriez vite espoir et motivation. Vous auriez peur, à continuer comme ça, de ce qui pourrait vous arriver et vous finiriez par vous demander si vous n'êtes pas un peu fou de vous embarquer dans un truc pareil... Alors maintenant, remplacez la course à pied par celle de votre esprit et vous aurez un bon aperçu de ce que vous vivez au quotidien et de ce que cet emballement cérébral provoque chez vous !

Chapitre 1

La fatigue

Vous vous réveillez rarement avec la sensation d'être reposé. Même après sept heures de sommeil ininterrompu, vous avez l'impression confuse de ne pas avoir débranché votre cerveau.

UN SOMMEIL TROUBLÉ

La plupart du temps, de toute façon, vous ne dormez pas sept heures ou, tout du moins, pas sans interruption(s). Vous avez du mal à entrer dans le sommeil ou vous vous réveillez vers 5 heures du matin, sans toujours parvenir à vous rendormir, spécialement en semaine, lorsque le réveil sonne deux heures plus tard... Pendant ces moments de veille, vous avez le sentiment que votre moulin cérébral tourne à plein régime. Et c'est vrai ! Corps et sens au repos, votre activité mentale a carte blanche pour imaginer, anticiper, projeter, grossir démesurément le trait... Le matin, quand vous renouez avec votre train-train quotidien, vous n'en revenez pas d'avoir passé autant de temps à vous demander à quoi ressemblerait votre vie si le chauffard, passé en trombe sous votre nez la veille, au moment pile où vous vous apprêtiez à traverser, vous avait percuté et ôté l'usage de vos jambes... Mais vous passez vite à autre chose parce que vous êtes habitué à ces nuits agitées. Enfant déjà, vous vous endormiez souvent plus tard que les autres ou vous vous réveilliez la nuit. Vous savez donc, depuis longtemps, « fonctionner » en état de fatigue. Mais il vous arrive quand même, de manière épisodique ou régulière, d'avoir envie de dormir en début d'après-midi, d'être obligé de relire plusieurs fois les mêmes lignes pour les retenir, de chercher vos mots, d'oublier le titre du film que vous avez vu dernièrement, de vous sentir ralenti, plus irascible, plus émotif...

66 *Témoignage – Bénédicte, 35 ans, dentiste*

« Entre mes patients angoissés, les appels téléphoniques, les questions de mon assistante et ma procédure de divorce, j'ai eu une période où je n'arrivais plus à faire face aux sollicitations. À l'époque, j'avais aussi entamé une analyse – que je poursuis d'ailleurs – mais le travail thérapeutique amène tout un tas de pensées nouvelles que je décortiquais dans tous les sens et dont je ne savais pas quoi faire. Je me sentais de plus en plus remplie, sans cesse à la limite du débordement et je sentais que ma fatigue devenait chronique. » **99**

UN MENTAL VERROUILLÉ

Plus vous êtes épuisé, plus vous voulez éviter de penser, forcément. D'ailleurs, tant que vous n'êtes pas complètement éreinté, c'est un peu ce qui se produit, vous pensez un peu moins, raison pour laquelle vous veillez parfois à maintenir votre fatigue à un certain niveau. Sans doute escomptez-vous alors mieux vous endormir le soir. Et puis, vous n'êtes pas contre cette agréable sensation de flottement. Vous vous sentez un peu embrumé, un peu ralenti (enfin !), un peu anesthésié... Mais il arrive parfois que vous ne dormiez pas plus facilement la nuit et que du coup, la baisse de régime s'installe et se creuse. Et là, vous ne pensez pas moins. Bien au contraire. Vous cogitez à la puissance dix ! Un vrai cercle vicieux, mais logique : au bout d'un moment, vous êtes tellement à court d'énergie que vous n'arrivez plus à canaliser ce flux d'émotions, de ressentis, d'états d'âme, d'élucubrations diverses et de vraies idées, qui ne demande qu'à s'épancher en vous. Vous baissez la garde. Et vous vous sentez alors envahi, comme « *possédé* ».

Ça bouchonne dans la tête !

Privées d'entraves, toutes les branches de votre arborescence s'épanouissent largement, sur chaque sujet. Vous n'avez pas le temps d'élaguer pour présenter un paysage mental cohérent et ordonné. Traduire, en temps réel, la fulgurance des idées et des impressions qui vous submergent est physiologiquement impossible. Du coup, vous vous répétez, vous vous contredisez, vous digressez, bref vous vous perdez... Vous ne savez pas par où commencer. Vous sautez des idées comme on saute des étapes. Vous vous sentez brouillon, confus. Et plus vous le constatez, plus vous l'observez dans le regard incrédule de vos interlocuteurs, plus vous l'êtes... Un vrai cercle vicieux, encore une fois.

66 *Témoignage – «Eti», avocat, lu sur le blog talentdifferent.com*

« Je ne priorise rien [...] j'ai tendance à démarrer sur les chapeaux de roue et ne jamais finir les projets entrepris. Je perds les documents, perds le fil. Dès qu'une tâche implique un découpage en étapes, dès qu'il s'agit de suivre un plan, je suffoque. Mon esprit part dans tous les sens et mes raisonnements, ainsi que mon attention, sont constamment parasités par des émotions, sons absurdes, musiques et images qui tournent dans ma tête. » **99**

Synthétiser à l'extrême

Peut-être faites-vous partie de ceux qui préfèrent alors couper court à leur tumulte cérébral. Émotions verrouillées, esprit de synthèse poussé à l'extrême, vous recherchez encore plus de précision dans vos propos et ceux de vos interlocuteurs, encore plus de perfection dans vos présentations et vos décisions. À ce point contenue, votre pensée est devenue rigide. Les hypothèses les plus floues ont été éliminées. Ne reste plus que la partie la plus solide du raisonnement, celle sur laquelle vous pouvez vous appuyer sans craindre de sentir la machine repartir de plus belle.

66 *Témoignage – Emmanuelle, 48 ans, journaliste*

« Au lycée, en français et en philo, j'avais régulièrement droit à des notes moyennes, assorties d'un "raisonnement qui aurait gagné à être développé". Le truc, c'est que je n'y arrivais pas. J'avais l'impression d'être complètement sèche. » 99

Parvenir à la concision extrême est d'une certaine manière rassurant. Cela vous permet de croire que vous pouvez fixer des limites à cette pensée bouillonnante. Mais évidemment, comme Emmanuelle, il arrive que vous deveniez prisonnier de votre propre mécanisme. Vous n'arrivez plus à approfondir, à densifier votre réflexion, parce que vous ne savez plus comment débrider le moteur. Ou alors, vous craignez d'avoir à fournir un tel effort pour y parvenir (ce que précisément vous fuyez), que vous préférez finalement laisser tomber et présenter une pensée sommaire. Comme ça en plus, vous pouvez toujours vous dire que si vous le vouliez vraiment, vous pourriez faire mieux...

« *Éteindre* » *ce cerveau*

Le problème, c'est que cette défense réclame une énergie considérable – celle-là même qui vous fait de plus en plus défaut. Comme certains enfants hyperpenseurs qui se frappent la tête du poing en demandant qu'on les aide à « éteindre » leur cerveau, vous rêvez d'arrêter tout, de ne plus penser à rien. C'est parfois précisément ce qui se produit. Votre cerveau se met lui-même en sécurité : au beau milieu d'une conversation, l'espace de quelques secondes, vous constatez que vous n'êtes plus là. Les gens parlent autour de vous mais vous avez décroché. Souvent, c'est le regard interrogatif, voire gêné ou agacé de vos voisins qui vous ramène à la réalité. Ou encore, vous déroulez une phrase, mais vous la suspendez parce que, subitement, vous ne savez plus ce que vous voulez dire. Le trou noir. C'est ce qu'on appelle une « coupure de pensée ».

 Exercice

> *Si vous voulez expérimenter sur un mode ludique une brève coupure de pensée, faites-en l'expérience avec quelqu'un qui vous connaît bien : votre partenaire lance un thème de conversation très ouvert, donc très propice à la pensée en arborescence, de type « Tu es face à la mer, qu'est-ce que tu vois ? À quoi tu penses ? » Il vous pousse à aller plus loin par ses propres évocations ou questions, termine les phrases que vous commencez... Puis subitement, il vous arrête en vous lançant : « Au fait, qui a écrit ça ? Qui chante ça ? » Vous connaissez la réponse mais vous séchez. Vous êtes parti trop loin. Harassé par les sollicitations, voilà comment votre cerveau saturé réagit parfois !*

Vous vous en doutez, si vous ne prêtez pas attention à tous ces signaux d'alerte, vous pourriez un jour frôler le burn-out, cette incapacité, cette fois prolongée, de faire face à la vie de tous les jours...

Chapitre 2
L'anxiété

Exercer son esprit critique, ne pas tout croire, c'est le propre de l'homme libre, non seulement dans son pays mais aussi dans sa tête. C'est vrai et c'est une chance. Mais deux remarques quand même : d'abord, toutes les interrogations n'ont pas forcément de réponse ! Ou tout du moins pas dans l'immédiat. Ensuite, ne jamais rien considérer comme sûr, acquis, c'est vivre sur des sables mouvants. Carrément angoissant... Or, vos incessants « oui, mais » vous plongent régulièrement dans la perplexité, l'inquiétude. Et plus vous vous sentez anxieux, plus vous craignez de l'être davantage et de rater des choses : ne pas tout comprendre, être débordé... Vous montez donc le niveau de sûreté à son maximum, comme si vous contrôliez une centrale nucléaire...

L'HYPERVIGILANCE

Parce que vous vous sentez plus vulnérable, vous vous placez en état d'alerte maximal. Vous poussez vos capteurs à fond pour qu'ils ne laissent rien passer de ce qui se vit, s'échange, se produit autour de vous. Par précaution, ils enregistrent tout avec le même degré d'inten-sité. Concrètement, vous devenez de plus en plus sensible aux stimuli extérieurs, autrement dit, vous êtes stressé : les bruits, les odeurs, les lumières vous agressent sans distinction. Vous n'avez plus envie de sortir dîner ou prendre un verre avec vos amis dans un endroit bruyant où vous devrez faire bonne figure, tendre l'oreille pour suivre les conversations (d'autant que vous en suivez généralement plusieurs en même temps, on l'a vu), être concentré pour répondre et relancer quand vos capteurs sentiront que vous devez jouer les maîtres de cérémonie. Les petits contretemps deviennent de vraies

contrariétés. Vous êtes plus irascible. Vous craignez aussi, par manque de recul, de ne plus
pouvoir exercer votre esprit critique et de vous
faire manipuler. Certains vous reprochent de
devenir « parano »... Pour vous protéger du
nombre de sollicitations que votre cerveau
s'impose de traiter, vous êtes alors tenté de
vous isoler, de vous bunkériser. Une solution
pas très enthousiasmante, ni pour vous ni pour
vos proches. Et qui, surtout, ne vous empêche
pas de mouliner !

LES PENSÉES OBSÉDANTES

Nous savons tous ce qu'est une pensée obsé-
dante. Au milieu de toutes les autres pensées
et émotions, elle revient sans cesse, brutalement, sans avoir été convoquée. Ce mécanisme
n'est pas en soi anormal. Tous ceux qui ont vu
ou subi un événement difficile, voire traumatique, le connaissent. Ils revoient la scène, ses
acteurs, ressentent l'état émotionnel dans
lequel ils étaient à ce moment-là... Tant que
le choc n'est pas « intégré » par leurs schémas
mentaux et leur subconscient, son souvenir se
répète. Le problème, c'est que vous n'avez pas

besoin d'avoir vécu un choc traumatique pour en éprouver les symptômes ! La raison, c'est que votre état d'hypervigilance vous stresse en permanence. Tout prend des proportions démesurées et certaines interrogations non traitées, certains petits tracas non relativisés, viennent régulièrement vous hanter : qu'est-ce qu'a voulu dire votre mère hier au téléphone ? Pourquoi votre patron a également demandé à untel d'assister à cette réunion ? Pourquoi votre conjoint ne vous a envoyé qu'un seul SMS dans la journée ?... Bien souvent, ces pensées obsédantes sont en réalité mineures et masquent une fragilité plus profonde, que votre état de stress constant bouscule : la crainte de ne pas être à la hauteur, de ne pas être suffisamment aimé...

66 *Témoignage – Benjamin, 30 ans, ingénieur*

« En ce moment, ce qui ne me lâche pas, c'est l'organisation du mariage d'un ami ! Pour moi, c'est un gros enjeu. Je veux que la cérémonie soit réussie ! Entre autres choses, je dois réunir les discours et planifier les ordres de passage en fonction de qui raconte quoi. Je passe mon temps, en plus de mon boulot, à manager tous les intervenants via WhatsApp. Or, sur messagerie instantanée, on s'écrit parfois de façon très laconique et je ne connais pas tous les invités appelés à témoigner. Alors souvent, je me demande si j'ai bien compris tel message, si je n'ai pas été moi-même trop sec dans tel autre, ce qui relève de l'humour ou non... La nuit, parfois, ça me réveille. Je me repasse en boucle tous nos échanges... » 🙶

L'INCOMPRÉHENSION DE SOI

À force de penser et tout repenser, de « couper les cheveux en quatre » dit-on autour de vous, il ne reste plus rien. Tout a été tellement disséqué que les petits morceaux, épars, ne font plus sens. Vous avez pensé jusqu'à l'absurde. Vous vous retrouvez alors comme suspendu au-dessus du vide, à vous demander ce qui pourrait bien vous retenir de tomber dans l'infini des possibles, folie comprise... Vous vous demandez ce qu'il se passe en vous. Votre

cœur s'emballe et vous n'êtes parfois pas loin de la panique. Pourquoi ? Personne d'autre que vous ne cogite comme ça, avec une telle intensité, en s'éloignant autant du point de départ... Vous qui cherchiez à toute force à vous protéger des imprévus en anticipant tout, en posant et évaluant toutes les hypothèses, vous parvenez au résultat inverse de celui escompté : vous ne comprenez plus rien et vous vous sentez du coup impuissant et vulnérable... À force de douter de tout, tout le temps, vous finissez par douter de vous.

Chapitre 3

Le manque de confiance en soi

Ne pas pouvoir être au monde ni avec les autres sans forcément ressentir, analyser, décortiquer tout ce qui se passe vous fait parfois vous sentir étrange, un peu à part. Il vous semble que tout serait plus facile si vous n'étiez pas conscient de tout, si vous ne vous demandiez pas sans cesse comment vos propos vont être reçus, si vous étiez plus indifférent. Vous avez parfois l'impression qu'autour de vous, les gens sont mieux dans leur peau.

LA PEUR DU REJET

Vous craignez que tout le monde remarque votre différence. Alors vous essayez de vous fondre dans la masse. Physiquement, intellectuellement, vous cherchez à ressembler aux autres pour vous faire accepter. Dans le pire des cas, votre empressement à vous montrer aimable et à bien faire les choses fera le bonheur d'un pervers manipulateur de passage, trop heureux de pouvoir vous harceler de demandes de plus en plus pressantes... Ado déjà, peut-être avez-vous expérimenté ce besoin de vous conformer aux règles et aux désirs du groupe pour éviter d'être mis au ban. Mais sans doute votre crainte du rejet a-t-elle démarré plus tôt, dans l'enfance, quand vous avez compris qu'aimer les billes, la bagarre ou les princesses s'avérait plus utile pour se faire des copains que de discuter de la naissance et de la course des fleuves. Devenu adulte, vous enviez ceux qui évoluent avec aisance dans les soirées, échangeant des banalités sans se préoccuper de la chaleur ni du bruit ambiant. Vous admirez ceux qui intéressent leur auditoire avec la présentation structurée et vivante de leurs travaux, qui se balancent dans le métro au rythme de leur musique... Vous pensez qu'on se moquerait de vous si vous faisiez la même chose. On vous a tellement dit que vous étiez étrange, voire agaçant, que vous avez fini par intérioriser toutes les critiques. Au point d'être le premier à vous les envoyer. En application du « principe de précaution », vous êtes parfois votre meilleur saboteur...

LA PEUR DE L'ÉCHEC

Vous ne vous accordez aucun droit à l'erreur. Votre mémoire a enregistré l'image parfaite, votre arborescence a mentalement passé en revue toutes les hypothèses. La norme pour vous, c'est la perfection. Sinon, c'est raté. La preuve dès la petite section de maternelle : un enfant hyperpenseur de 3 ans décide de dessiner un dauphin. Il voit très bien l'image de l'animal dans sa tête. Il s'applique à tracer le corps un peu oblong du mammifère et sa nageoire dorsale. Mais le front n'est pas assez bombé et le bec est trop pointu. C'est un dessin d'enfant de 3 ans... De rage, l'apprenti artiste le gribouille ou le déchire en pleurant et la maîtresse aura bien du mal à le consoler. Adulte, vous avez pris l'habitude de considérer la plupart de vos productions comme moyennes (quand elles ne sont pas carrément « nulles »). Après coup, vous constatez que « vous auriez pu », « vous auriez dû »... Quand on vous félicite, vous avez tendance à répondre que c'était vraiment facile ou que vous avez eu de la chance. D'ailleurs, vous préférez ne pas vous lancer dans des entreprises trop incertaines. La meilleure façon de ne pas rater étant encore de ne pas tenter, vous choisissez volontiers de renoncer à un projet si vous évaluez que vos chances de réussite sont inférieures à 100 %. Encore un cercle vicieux car moins on ose, plus on a peur d'oser... tout en gardant intacte l'illusion que, peut-être, si on avait essayé, on aurait réussi.

 Exercice

Prenez 10 minutes pour identifier ce que vous aimeriez mais n'osez pas entreprendre, par peur de ne pas « être à la hauteur »... Passer un concours interne ? Vous inscrire à des cours d'anglais ?...

LE REFUGE DANS LE RÊVE

Là où vous êtes encore le plus tranquille, sans personne d'autre que vous pour vous surprendre et vous remettre en cause, c'est dans votre tête. Votre hypersensibilité vous pousse naturellement à l'introversion. Vous trouvez agréable, libérateur – parfois même nécessaire –, de laisser galoper votre

esprit sans entraves dans l'espace infini de votre cerveau. Vous pouvez alors rêvasser à loisir et vous projeter des films dont vous êtes le héros. Vous vous repassez la scène de votre réunion, mais vous y prenez la parole et vous vous exprimez avec calme et autorité. Vous vous confiez à un(e) ami(e) qui vous comprend, vous console et vous aime... Ce monde intérieur est votre jardin secret. Mais plusieurs risques vous guettent. D'abord, celui de partir trop loin, donc d'avoir du mal à revenir au réel et à faire partager aux autres ce que vous vivez virtuellement. Surtout si, d'une péripétie à une autre, vous avez glissé du film d'aventures au film catastrophe ou d'horreur ! On vous fait confiance pour mener, dans votre tête, une vie palpitante, riche en émotions – peurs, joies, passions... – que vous vous créez, qui vous font oublier les vicissitudes de la vie réelle et vous sortent de l'ennui. Mais c'est là l'autre danger : vous pouvez avoir le sentiment que les émotions « réelles » ne sont pas à la hauteur de celles que votre imagination vous envoie. Alors pourquoi vous risquer à les vivre « en vrai », comment faire pour les apprécier à leur juste mesure ? Ne vaut-il pas mieux vivre à travers son imagination ou à travers les écrans, grands pourvoyeurs de rêves et d'émotions hypertrophiées ?...

❝ *Témoignage – Bénédicte, 45 ans, avocate*

« J'adore programmer les vacances. J'écume les blogs et les sites de voyages et quand j'ai trouvé la destination, je visite le pays, les hôtels, je cherche les meilleurs trucs à voir, les petits restos... Je me projette, je me fais tout un film. Mais quand j'ai fini et qu'on est prêts à partir, j'ai l'impression d'avoir déjà tout vu. Et parfois, je me dis : à quoi bon partir, finalement ? Au fond, j'ai peur d'être déçue. » ❞

Évidemment, Bénédicte part quand même en vacances ! Mais il arrive fréquemment que la réflexion, l'imagination remplacent vraiment l'action. Tout est tellement parfait en pensée ! Passer à l'acte, c'est risquer de devoir renoncer au projet ou, à tout le moins, de devoir y apporter des aménagements parfois substantiels. Alors autant ne pas y toucher... Il y a fort à parier qu'en cherchant un peu, on trouverait parmi vous quelques velléitaires, dont les idées, projets dorment au fond d'un placard !

POUR RÉSUMER

- Vous avez des capacités hors du commun, mais vous ne vous en rendez pas toujours compte car vos pensées ne vous laissent aucun répit. Vous vous sentez surtout fatigué, anxieux et vous avez peu confiance en vous.
- Quand votre corps est inoccupé, au repos, vos pensées en profitent pour redoubler d'intensité et vous empêchent de glisser rapidement dans le sommeil ou vous réveillent en fin de nuit.
- Plus vous êtes fatigué, plus vous vous sentez menacé d'invasion. Vous consacrez alors une bonne partie de l'énergie qui vous reste à verrouiller votre mental : vous ne gardez que les rares absolues certitudes et vous refusez de considérer toute hypothèse floue, toute imprécision, toute imperfection. Mais maintenir des barrières aussi rigides demande une telle énergie que vous vous mettez parfois « en sécurité », en coupant momentanément vos pensées.

- Vous craignez aussi que les choses vous échappent et vous vous placez en état d'hypervigilance : vos capteurs sont priés de ne rien laisser passer. Ils enregistrent tout avec le même degré d'intensité.
- Ce stress permanent suscite parfois en vous des pensées obsédantes, qui sont bien souvent le reflet de fragilités plus profondes, bousculées par votre état émotionnel.
- Vous allez parfois jusqu'à vous effrayer vous-même : personne d'autre que vous ne pense autant et sans interruption...
- Cette capacité à toujours douter de tout finit par vous faire douter de vous. Vous vous sentez différent et vous avez peur que les autres vous rejettent.
- Vous avez en tête une telle image de ce qui est réussi que vous vous estimez rarement à la hauteur. La plupart du temps, vous avez de vous une image plutôt négative ou, au mieux, juste acceptable.
- Quand le monde réel devient trop dur à supporter, vous avez la tentation de vous réfugier dans votre imaginaire. Là au moins, vous pouvez vous reposer et vous faire du bien. Mais vous pouvez aussi vous y perdre, ou vous y enfermer.

COMMENT
PENSER MOINS

Chapitre 1

Acceptez que vous pensez trop !

Maintenant que vous avez lu la première partie de ce livre, vous savez ce que trop penser signifie et ce que cet emballement cérébral provoque comme effets secondaires parfois indésirables. Vous l'avez observé en général mais également en particulier, si vous vous êtes vous-même reconnu dans les critères développés. Très bien ! Constater, c'est essentiel. Mais admettre, c'est encore mieux ! Et même indispensable, si vous voulez vous séparer de ce qui vous encombre et vous ouvrir à une manière de réfléchir plus sereine, donc plus libre.

Aucun changement n'est possible s'il n'est au préalable admis. En l'occurrence, votre manière de penser vous détermine depuis toujours : vous pensez, donc vous êtes ! Vous êtes alors en droit de vous demander si, en pensant moins, vous ne « serez » pas également moins... Examinons cela ensemble.

 Exercice

Prenez le temps de vous demander ce que vous éprouvez à l'idée de moins penser : une sensation de liberté ? de chance ? d'effroi ? de vide ? Notez vos réponses.

NE FAITES PLUS L'AUTRUCHE

Ce questionnement est légitime, et même nécessaire. Pour bien vous en faire comprendre l'enjeu, je vais volontairement grossir le trait : vous savez à quel point les otages peuvent s'attacher à leurs geôliers, finissant par éprouver à leur égard une forme d'identification et d'empathie. C'est ce qu'on appelle le syndrome de Stockholm, un mécanisme de défense parfois nécessaire à la survie psychique. En gros, « Mon ravisseur n'est pas si méchant et, même, j'arrive à le comprendre et à trouver normal de faire ce qu'il me demande. Sinon, la situation

m'apparaîtrait into-
lérable et je ne
tiendrais pas le
coup »… Je vous
avais prévenu,
j'ai grossi le trait.
Mais reportez-vous
aux résumés de la
première partie : une
part inconsciente de
vous-même n'agit-
elle pas sur l'autre

à la manière d'un dictateur ? Ne vous condi-
tionne-t-elle pas en vous empêchant de prendre
du recul, de distinguer l'essentiel de l'accessoire,
de vivre sans réserves vos émotions positives ?
Ne vous inflige-t-elle pas trop souvent fatigue,
anxiété et découragement ? Ne vous a-t-elle
pas endoctriné, au point que vous finissez par
admettre vous-même, avec fatalisme, que vous
n'y pouvez rien, que vous êtes « comme ça »,
mais que la plupart du temps, malgré tout, vous
ne vous en sortez pas si mal ? Si vous n'en êtes
pas encore totalement convaincu, demandez
leur avis à vos proches. Vous serez surpris de
ce qu'ils verront de vous que vous ne soupçon-
nez pas.

Exercice

Utilisez les résumés de la première partie comme grilles de questionnaire et interrogez vos amis, votre famille, les collègues en qui vous avez confiance. Demandez-leur de vous dire honnêtement s'ils trouvent que vous pensez parfois trop et à quoi ils le voient. Entre vos propres observations et celles que vous aurez recueillies auprès de votre entourage, vous aurez sans doute une image assez juste de ce que votre personnalité dégage et suscite.

FAITES LE MÉNAGE !

Maintenant, c'est clair, vous pensez trop et ce n'est pas seulement un constat. C'est un « problème ». Cette prise de conscience va peut-être commencer par vous mettre en colère : « Quel temps perdu à pédaler depuis des années comme un hamster dans sa cage ! J'aurais quand même pu me prendre en mains un peu plus tôt ! » Ensuite, laisser la place à l'abattement : « Quel nul je suis, décidément ! » Puis à la peur : « Mais comment je vais faire ? Je n'y arriverai jamais... » Et enfin, à l'adhésion :

« Bon, après tout, rien n'a changé autour de moi. Le monde ne s'est pas arrêté de tourner. J'ai tout à gagner à retrousser mes manches. » Et vous avez raison ! Car en vous débarrassant de vos pensées parasites, vous n'allez pas devenir stupide. Vous allez gagner en clairvoyance et libérer de l'espace pour les pensées utiles, structurantes. Vous allez transformer votre grenier intérieur surencombré et poussiéreux en médiathèque ! Vous pourrez toujours vous y rendre et vous asseoir confortablement dans un bon gros fauteuil pour voyager, visionner certains « films », parcourir certains « romans » ou « récits ». Mais vous aurez également accès à des archives soigneusement classées, dans un local organisé et ventilé.

Pour parvenir à ce résultat, vous allez avoir besoin de méthode, d'outils, de ténacité et de patience car vos ruminations ne se laisseront pas faire aussi facilement. Elles reviendront régulièrement à la charge. Mais peu à peu, les bases de votre nouvelle hygiène de vie seront posées. Il vous suffira alors de faire régulièrement un petit ménage émotionnel et un bon gros dépoussiérage de temps en temps.

Chapitre 2

Devenez bienveillant avec vous-même

Non, rassurez-vous, je ne vais pas vous demander de vous regarder dans la glace et de vous dire que vous vous aimez… La méthode Coué fonctionne peut-être sur certains, mais sans doute pas sur vous ! Je vais donc plutôt vous proposer d'explorer votre grenier de fond en comble pour en extraire toutes ces pensées qui vous encombrent. Celles qui prennent le plus de place, ce sont ces certitudes négatives que vous avez sur vous-même et que vous vous répétez en boucle à la moindre occasion. Ce sont elles qui vous minent et vous font ruminer. Ce sont elles que vous allez démonter et jeter pour faire de la place à d'autres, plus « aimables » !

REPÉREZ LES ENNEMIS DE L'INTÉRIEUR

Nous construisons tous notre personnalité sur la base de croyances, positives et négatives. C'est à travers elles que nous nous définissons nous-même et que nous interprétons le monde. C'est en nous appuyant sur elles que nous adaptons notre comportement à ce qui nous arrive. Quand tout va bien, elles s'équilibrent. Si, par exemple, vous vous dites timide, la légère appréhension que vous aurez de vous rendre à une soirée peuplée d'inconnus sera compensée par le fait que vous vous pensez drôle et que vous ferez forcément sourire une partie des invités... Ces convictions s'élaborent à partir de nos expériences, de nos réactions aux événements, de ce qu'on nous a répété dans l'enfance, de ce qu'on nous dit encore aujourd'hui.

Trop de certitudes négatives

Le problème survient lorsque ces certitudes sont extrêmes, à la fois trop négatives et trop rigides. Par exemple, lorsque vous balayez tout ce que vous dites et faites d'un « de toute façon, je suis nul. Tout le temps. En tout ». Vous portez sur vous-même ce jugement péremptoire parce que « vous coupez les cheveux en quatre », « vous vous faites du souci pour rien », « vous vous posez trop de questions », « vous compliquez tout », « vous voyez toujours les problèmes en priorité »... Des petites phrases que vous avez entendues des centaines de fois et que vous avez parfaitement intériorisées. Prises isolément, sans doute témoignent-elles davantage d'une lassitude ou d'un agacement passager de vos interlocuteurs que d'un jugement global et définitif sur vous-même. Mais vous avez retenu leur accumulation au point qu'aujourd'hui, elles constituent votre socle de croyances et qu'elles conditionnent toutes vos réactions. Par un mécanisme pervers de réassurance, vous vous entretenez dans ce système dévalorisant (sinon, c'est le vide) et votre petite voix intérieure ne manque jamais une occasion de dénicher un élément, aussi minime soit-il, pour vous rappeler que « là encore, tu as été nul », « tu n'aurais pas dû réagir comme ça, c'est vrai que tu es compliqué », « tu vois, tu n'avais pas besoin de t'inquiéter pour ça, c'était ridicule ». Il va de soi que vous n'êtes pas cet individu incompétent et insupportable que vous « croyez » seulement être. Mais votre jugement sur vous-même fausse votre interprétation de la réalité. C'est ce que le psychiatre américain Aaron Temkin Beck a appelé en 1967 la « distorsion cognitive ». Je vais vous aider à identifier vos croyances profondes et à les placer face à la réalité.

VOS CROYANCES FONT LA LOI...

Les chercheurs en psychologie cognitive (qui étudie les interactions entre activité mentale et psychisme) ont constaté que les croyances négatives qu'on a de soi agissaient comme des filtres déformants sur la réalité. Elles font comprendre les choses de travers, et uniquement sous leurs mauvais côtés. Par exemple, un individu persuadé d'être « nul », qui ne comprend pas telle explication, se dit plus volontiers « je suis vraiment stupide » que « ce qu'on m'explique est compliqué » ou encore « si je ne comprends pas, c'est qu'on m'explique mal ». Évidemment, cette mauvaise appréciation de la réalité provoque émotions négatives et idées noires, par exemple tristesse et envie de laisser tomber, qui viennent ensuite renforcer les croyances, sur le mode du « décidément » (toujours selon ce bon vieux principe du cercle vicieux)... Les psychologues ont regroupé ces filtres déformants sous l'acronyme GRIMPA.

GRIMPA

G comme généralisation : à partir d'un fait ponctuel et précis, vous généralisez à tous les domaines de votre vie et toutes les périodes, hier, aujourd'hui et demain. Exemple : « Dans le rapport que j'ai présenté hier, j'avais oublié un élément. Pas étonnant, je n'ai jamais eu de mémoire. J'oublie toujours tout. Hier, je suis parti sans les clefs... »

R comme raisonnement dichotomique : il s'agit d'un raisonnement excessif, sans nuances, en « tout ou rien », « blanc ou noir », « bien ou mal », « parfait ou nul ». En clair, votre travail, comme votre tarte aux pommes, mérite soit 20, soit 0.

I comme inférence arbitraire : cela signifie que vous tirez une conclusion hâtive, donc sans preuves, à partir d'un seul fait. Exemple : « Untel n'a pas répondu à mon SMS. Il est fâché contre moi. »

M comme maximisation du négatif et minimisation du positif : vous grossissez tout ce que vous faites ou vivez de négatif et vous minimisez (ou ignorez) ce que vous faites ou vivez de positif. Exemple : « Nous venons de passer une semaine en Normandie. Il n'a fait que pleuvoir. C'était les pires vacances de ma vie. »

P comme personnalisation : vous vous sentez responsable de tout, vous prenez toutes les critiques générales, tous les sous-entendus, pour vous. Exemple : « Quand je suis arrivé devant la machine à café hier, tout le monde s'est tu. Je suis sûr qu'ils parlaient de moi. »

A comme abstraction sélective : vous ne retenez qu'un seul élément négatif d'une discussion, d'une situation, d'un événement. Exemple : « Je n'ai pas été assez clair dans une des réponses que j'ai faites à la chargée de recrutement. Je ne serai pas pris. »

Sans doute vous êtes-vous reconnu dans certaines de ces attitudes : peut-être avez-vous parfois tendance à extrapoler à partir d'un seul élément (I) ou à analyser les choses de manière binaire (R)... Affinons à travers un exercice.

 Exercice

Faites un tableau à cinq colonnes et recherchez les situations récemment vécues qui peuvent être interprétées sous l'angle du GRIMPA (si vous n'y parvenez pas, recommencez demain).

*Dans la première colonne de votre tableau, notez « **la situation** » (exemple : votre fils est revenu hier avec un 7 sur 20 en maths) ; dans la deuxième, inscrivez « **les pensées, émotions** » que la situation a instantanément générées en vous (exemple : « Cette note est catastrophique mais c'est de ma faute, je devrais être plus présent pour l'aider à faire ses devoirs ») ; dans la troisième, cherchez « **la croyance** » qui vous a dicté ces émotions et pensées automatiques (dans notre exemple : « Tu n'es pas à la hauteur ») ; dans la quatrième, indiquez « **la règle de vie** » qu'exprime cette croyance (« Pour être heureux, je ne dois jamais faillir ») ; et dans la cinquième colonne, reportez « **les filtres** »* *(les lettres de l'acronyme) auxquels ces émotions et pensées correspondent le mieux (en l'occurrence M + P).*

Vous avez maintenant un aperçu de la manière dont vous avez tendance à fonctionner. Dans notre exemple, vous grossissez les événements négatifs et vous vous en accusez quand ils « prouvent », selon vous, que vous n'êtes pas à la hauteur, que vous êtes trop imparfait pour être heureux. En un clin d'œil, vous avez, résumées dans votre tableau, les principales croyances qui vous animent, ce qu'elles provoquent en vous comme ruminations et ce qu'elles sous-tendent comme règles de vie. Il va falloir démonter tout ça.

LES CROYANCES NE SONT QUE DES CROYANCES !

Le propre d'une croyance, c'est d'être subjective. Elle n'est pas la réalité. Elle est l'interprétation que vous en faites. Maintenant que vos croyances s'étalent au grand jour devant vous, peut-être commencent-elles à perdre un peu de leur mystère et de leur pouvoir.

Reprenez-les une par une, ainsi que vos règles de vie, et soumettez-les à un feu nourri de questions, exercice que vous maîtrisez parfaitement !

 Exercice

Sur une feuille, notez chaque croyance et règle de vie erronées et cherchez en vous, dans votre histoire familiale, à quoi elles vous renvoient. Vous rappe-  *lez-vous un point de départ ? Vous l'a-t-on souvent répété ? À quelles occasions ? Vos parents ont-ils été élevés selon ces mêmes principes ?*

Passez ensuite ces phrases au filtre de votre analyse critique. Si on reprend notre exemple « Pour être heureux, je ne dois jamais faillir » : qu'est-ce que « faillir » pour vous ? Ne pas faillir et réussir sont-ils pour vous synonymes ? Comment tenir, à force de ne pas vouloir faillir ? N'est-ce pas parfois utile de rater ? Connaissez-vous, autour de vous, des gens qui ne faillissent jamais ? Aimeriez-vous qu'ils soient sans défaut, comme une belle mécanique ?

POURQUOI NE PAS CHANGER DE CROYANCES ?

Lentement, en remontant de vos émotions et pensées automatiques à la source de vos croyances et règles de vie et en en détricotant la logique, vous constatez à quel point votre système ne tient pas la route ! C'est de la pure manipulation, que vous pouvez contrer en opposant à chaque binôme croyance-règle de vie son double positif. Ne reste plus maintenant qu'à vous lancer dans un dernier exercice.

 Exercice : Mes nouvelles règles de vie !

Faites un nouveau tableau, avec maintenant quatre colonnes. Notez dans les deux premières toutes vos « croyances négatives » et « règles de vie erronées » et dans les deux dernières, opposez-leur de « bons jumeaux », représentés par des « croyances positives » et des « règles de vie acceptables ».

° Vous vous jugez « trop émotif » (croyance négative) et votre règle de vie erronée pourrait se résumer par « Il faut que je sois inébranlable si je veux me comporter en adulte raisonnable » ? Non, vous êtes « empathique », ce qui vous permet

d'être « sympathique » aux yeux des autres (« empathique » et « sympathique » = croyance positive) et de vous dire : « Un des moyens d'agir raisonnablement est de savoir tenir compte de ce que disent et pensent les autres » (règle de vie acceptable).

° Vous vous dites d'emblée « négatif », alors que, pour être aimable, vous devriez vous enthousiasmer plus spontanément ? Non, vous n'êtes pas plus négatif qu'un autre. Simplement, vous anticipez plus, vous voyez immédiatement les problèmes pour mieux les surmonter et faire que tout se passe bien.

Progressivement, vous refondez votre socle de croyances. Votre mission, désormais, sera de l'intégrer et d'en faire votre nouveau système de pensée. Pour vous aider, repérez vos émotions excessivement négatives au fur et à mesure qu'elles se présentent, identifiez leur croyance dévalorisante correspondante et opposez-leur leur double positif. Prenez l'exercice comme le jeu de la bataille, aux cartes !

Vous allez gagner en sérénité, parce que ce ne sont pas les pensées positives ni la bonne image qu'on a de soi qui obsèdent ! Vos émotions négatives, vos erreurs, ne seront pas niées pour autant, mais elles ne seront plus déformées, ni amplifiées. Elles seront juste reçues avec la mesure qu'elles méritent.

Chapitre 3

Passez
en mode « *Slow* »

Maintenant que vous vous appréhendez sous un jour autrement plus positif, votre espace mental s'éclaircit et vous respirez mieux. C'est le moment d'installer cette harmonie naissante comme un nouvel art de vivre. Faites comme Arianna Huffington, fondatrice du site américain d'informations en ligne *Huffington Post*, victime d'un burn-out en 2007 : ralentissez. Avant de s'évanouir de fatigue et de se briser une arcade sourcilière en tombant, Arianna était considérée par le magazine *Time* comme l'une des cent femmes les plus influentes du monde. Mais à quel prix ! À sa vie de mère de famille, elle ajoutait 18 heures de travail par jour, 7 jours sur 7. Sa chute lui a fait prendre conscience qu'elle n'avait aucun contrôle sur son existence et l'a amenée à se demander si cette vie était vraiment « réussie ». Depuis, elle est moins accro à ses smartphones, elle s'accorde des pauses relaxation, un temps de sommeil plus long... C'est une vraie discipline car le mouvement frénétique du monde ne pousse personne à lever le pied ! Mais en ce qui vous concerne, comme pour Arianna, c'est une nécessité vitale.

REGARDEZ-VOUS AGIR

On l'a vu, l'une des raisons pour lesquelles vous moulinez sans cesse, c'est que vos capteurs hypersensibles sont saturés par les multiples sollicitations auxquels ils sont soumis, ce qui vous stresse et vous pousse à réagir dans l'instant. Mais dans l'urgence, vos réactions sont conditionnées par vos croyances personnelles négatives. Stop ! Utilisez consciemment l'une des formidables ressources de votre pensée en 3D : regardez-vous faire et freinez. Installez plus de lenteur et de douceur dans tous les gestes de votre vie quotidienne. Évidemment, on ne ralentit pas dans l'urgence !

En pratique : un mois pour ralentir...

- Forcez-vous à partir 5 minutes plus tôt le matin pour vous rendre à votre travail ou à l'école et marchez moins vite.
- Prenez un peu plus de temps pour déjeuner et mangez plus lentement, en mâchant un peu plus longtemps.
- Reprenez le contrôle sur les appareils qui dirigent votre vie. Ne vous précipitez plus sur votre mobile au réveil pour lire vos SMS ou vos e-mails. Attendez un moment où vous vous savez réellement disponible, autrement dit, pas pendant votre petit déjeuner, ni pendant que vous vous brossez les dents... Plutôt à l'heure où vous commencez votre journée de travail, ce qui peut être quand vous êtes dans les transports en commun. Forcez-vous à ne pas consulter vos e-mails professionnels quand vous êtes en famille ou avec des amis. Ni à pianoter pendant les moments où vous êtes censé être « off », le week-end par exemple... Et faites comme Richard, 48 ans, entrepreneur : « J'ai coupé tous les sons de mes téléphones et ordinateurs. Fini les sonneries et les bips qui me sommaient de répondre. Je suis sur vibreur

ou sur silencieux, donc c'est moi qui consulte mes messages et appels quand je le décide. »

- Prenez le temps d'écouter et d'analyser les émotions que vous allez éprouver en modifiant un peu votre rythme de vie : sans doute allez-vous parfois vous sentir plus libre, plus disponible, plus joyeux, mais pas seulement. Il se peut aussi que vous ressentiez inquiétude ou culpabilité, ces émotions négatives téléguidées par vos vieilles croyances (« tu es un paresseux », « remettre à plus tard ce que tu pourrais faire tout de suite est stupide », « tu es trop lent »...). Accueillez-les avec calme, comme on retrouve une vieille connaissance, et rappelez-vous les colonnes de vos tableaux !

À vous maintenant !

DÉBRANCHEZ VOTRE CERVEAU !

Pour pouvoir se nettoyer, faire le vide et se reposer, votre mental a besoin de vraies pauses, au cours desquelles vous vous absorbez dans ce qui vous fait du bien. Ce ne sont pas des moments vides, plutôt des moments de flottement, de légèreté et de bien-être, qui peuvent être ponctuels, fugaces, non planifiés ou, au contraire, inscrits dans votre agenda. Peu importe. Je ne vous donnerai ici aucune recette miracle car je n'en  connais pas ! Ce qui apaise et réjouit les uns peut n'avoir aucun effet sur les autres. Je préfère donc vous livrer un éventail de possibilités, dans lequel vous ferez votre marché.

La méditation de pleine conscience

Le principe

La méditation de pleine conscience* (« mind-fullness ») vise à vous faire prendre conscience de l'instant présent pour vous aider à voir les choses plus simplement, plus clairement, et vous permettre de relativiser. Assis sur un coussin ou une chaise, vous vous concentrez sur ce que

---

* À lire : *La Méditation, c'est malin*, de Marie-Laurence Cattoire (Leduc.s Éditions) et *Comment ne pas finir comme tes parents ; la méditation pour les 15-25 ans*, de Soizic Michelot et Anaël Assier (éditions Les Arènes).

vous ressentez maintenant : l'air qui passe dans vos narines, la démangeaison qui vous titille le mollet... Puisque vous êtes immobile, une foule de pensées et d'émotions vous assaillent. Vous pouvez les noter mentalement (« colère », « tristesse »...), avant de revenir à votre posture et votre respiration et de les regarder passer. La méditation peut se pratiquer partout, de manière formelle sur un coussin, dans un lieu que vous avez choisi (votre chambre, un cours dédié) ou de manière informelle à votre bureau, dans le métro...

Les bénéfices

En vous proposant de vous concentrer sur les ressentis, ici et maintenant, de votre corps, la méditation de pleine conscience peut vous aider à prendre de la distance avec votre activité cérébrale et vos émotions. Vous regardez alors passer vos pensées les plus fugaces ou vous analysez l'impression physique que vous laissent les plus tenaces (quelle émotion provoque celle-ci en moi, est-ce que je me l'imagine plutôt ronde et poilue ou fine et dure comme une lame...). Avant une échéance stressante, ce retour à l'instant présent peut être très utile. De nombreux chirurgiens et grands patrons y ont recours.

🙶 *Témoignage – Laurence, 32 ans, chargée de communication*

« La méditation de pleine conscience m'apprend à mieux vivre au quotidien, à être moins anxieuse, notamment vis-à-vis du rythme et des exigences de mon travail. Le matin, j'essaie de pratiquer un scan corporel (« body scan ») avant de me lever : je porte mon attention sur les différentes parties de mon corps, leur poids, leur position, leur chaleur, leur contact avec le matelas... Comme ça, j'ai le senti-ment de me rassembler avant de sortir de mon lit.

Dans la journée, je peux aussi faire une pause devant mon ordinateur, quand une pensée me turlupine. Je m'arrête, j'analyse l'émotion que cette pensée suscite en moi et je la laisse passer. La méditation m'aide à relativiser ces pensées : elles ne sont que des pensées, pas la vérité. C'est une pratique qui me permet de ne pas être néfaste à moi-même. » 🙶

Les éventuelles difficultés

En tant qu'hyperpenseur, vous avez du mal à lâcher prise, donc certains d'entre vous ne trouvent pas de réel réconfort dans la méditation parce qu'ils se sentent vraiment submergés par des pensées qu'ils n'arrivent pas à laisser passer.

 Testez-vous

Lors de votre prochain repas, concentrez-vous une minute sur un aliment que vous portez à votre bouche : sa texture, sa saveur, l'action de la mastication, le contact de l'aliment avec la langue et le palais.

La sophrologie

Le principe

La sophrologie vise à harmoniser votre corps et votre esprit par la relaxation, l'idée étant que la détente corporelle assouplit les pensées. Comme la méditation de pleine conscience, la sophrologie vous connecte à l'instant présent mais elle ne vous laisse pas seul avec votre attention portée sur votre respiration. Non seulement le praticien vous guide par la voix, mais il vous fait faire des allers-retours entre ici et ailleurs (un paysage agréable par exemple), qu'il vous demande de ressentir. Par des techniques de visualisation, il vous aidera aussi à définir des zones de confort dans lesquelles vous pourrez vous réfugier quand vous en éprouverez le besoin.

Les bénéfices

Par la détente, vous, dont l'état normal est d'être plus ou moins stressé, allez expérimenter l'« homéostasie » : un état de calme – et non d'apathie – où tout est équilibré. En fonction de la situation stressante ou triste que vous pouvez traverser, vous allez pouvoir recourir à des techniques de visualisation qui vous ramèneront dans votre zone de calme et de confort. Vous allez apprendre à remplacer les pensées dérangeantes par celles qui vous font du bien.

Les éventuelles difficultés

Elles sont les mêmes que pour la méditation de pleine conscience. Si vous fonctionnez en mode

« guerrier », autrement dit, si vous craignez de vous effondrer en lâchant ces pensées négatives qui, malgré tout, vous constituent, vous risquez de refuser de vous détendre.

 Testez-vous

Observez votre respiration pendant 3 minutes. N'essayez pas d'inspirer par le nez, ni de souffler profondément. Observez simplement et notez si vous vous sentez plus détendu.

Le sport

Le principe

Quel que soit le sport pratiqué, vous renforcez votre musculature, votre endurance, votre résistance à l'effort, votre forme physique d'une manière générale, et vous sécrétez en prime des endorphines, ces hormones du bonheur.

Les bénéfices

Pendant le temps où vous faites fonctionner votre corps, votre petit moulin intérieur est sur pause. Vous évacuez vos tensions nerveuses et vos émotions négatives à mesure que vous vous échauffez et, grâce aux endorphines que vous avez sécrétées, vous vous sentez plus détendu à l'arrivée et l'esprit plus clair. Si vous pratiquez une activité sportive de plein air, idéalement dans la nature (randonnée, ski, marche nordique), non seulement vous vous oxygénez à fond, mais vous faites un vrai break avec le stress de la vie urbaine. Vous renouez avec la faune et la flore, le cycle immuable des saisons. Effet apaisant garanti. Si vous pratiquez un sport de combat, de la danse ou un sport collectif, vous êtes obligé de gérer vos émotions et de vous mettre au diapason des autres... Enfin, bénéfices secondaires non négligeables : en faisant travailler physiquement votre corps, vous pouvez espérer mieux dormir, et vous améliorez votre silhouette, donc votre image de vous.

🦷 *Témoignage – Benjamin, 30 ans, ingénieur*

« Je suis inscrit à une salle de sport. Je cours sur un tapis ou je pédale. Pendant une heure, je sais que je n'aurai pas de mauvaise surprise, pas d'imprévu à gérer : ma tâche sera facile, répétitive et tracée. Ça me permet de me recentrer. » 🦷

Les éventuelles difficultés

Certains se plaignent d'un bénéfice trop éphémère. D'autres disent s'ennuyer ou ne pas se vider la tête pendant qu'ils courent ou qu'ils nagent. D'autres enfin appliquent au sport leurs croyances de base – tu dois réussir, être le meilleur, aller plus vite... – au risque de passer de la volonté de performance à l'addiction (d'autant que les endorphines sont satisfaisantes).

 Exercice spécial débutant

Prévoyez des séances de marche rapide. Prenez de temps en temps votre bus ou votre métro une station plus loin le soir en rentrant. Si vous venez en voiture à votre travail, définissez un, deux ou trois parcours autour de votre entreprise et faites-en un après votre

déjeuner. Même chose si vous êtes à la maison : déterminez une boucle.

De multiples alternatives pour débrancher

- Les musiciens se concentrent sur leur pratique et le bonheur de jouer de leur instrument, seul ou en groupe.
- Catherine, notre cadre supérieur, chante dans une chorale semi-professionnelle six heures par semaine : « Le chant est une discipline complète : il exprime des émotions ; il oblige à relâcher les muscles du haut du corps – cou, omoplates, épaules – qui concentrent toutes les tensions, et à pratiquer la respiration abdominale, source de détente ; il nous impose d'être présent, ancré dans le sol. L'éparpillement est impossible quand on chante. »
- Les mélomanes s'évadent en musique, souvent classique. En voiture, dans les transports en commun, quelques minutes suffisent à décrocher et à se détendre.
- Catherine (toujours elle !) fait le vide, et n'est pas loin de méditer quand elle arrive dans la salle d'embarquement d'un aéroport :

« Je m'assois, je regarde les gens passer, je ne pense à rien. Je me laisse traverser. Ça nourrit mes réflexions ensuite. » Après votre déjeuner ou en revenant de vos courses, rien ne vous empêche de l'imiter : installez-vous dans un café, face à la rue, et regardez le ballet des piétons, des voitures, des cyclistes...

- Benjamin, notre ingénieur, danse dans son salon en écoutant une chanson entraînante sur sa chaîne ou dans ses écouteurs.

MON TRUC PERSO

« J'ai la chance d'avoir un bout de jardin. En été, quand la chaleur de la journée a été écrasante, j'arrose le soir en rentrant : l'attention portée aux plantes qui ont le plus soif, le bruit de l'eau, le contrôle du jet, l'odeur de terre chaude et humide qui monte dans l'air... Il me suffit de quelques minutes pour complètement décrocher et me détendre. »

 Exercice

Et vous, qu'est-ce qui vous plonge instantanément dans le bien-être et la bonne humeur ?

PRENEZ SOIN DE VOTRE SOMMEIL

Dormir mieux, dormir plus, voilà qui est évidemment plus facile à dire qu'à faire… Vous en savez quelque chose ! Au point qu'il vous arrive d'appréhender le moment de vous glisser sous la couette, que vous en retardez  l'heure et que vous arrivez devant votre lit en vous demandant si cette nuit sera plus ou moins mauvaise que les autres… Là encore, soyez bien-veillant avec vous-même. Et patient. Acceptez l'idée que vous serez peut-être fatigué demain si vous moulinez encore un peu cette nuit, mais dites-vous que vous avez déjà maintes fois vécu l'expérience, que vous êtes loin d'être seul dans ce cas, que vous n'en mourrez pas plus cette nuit que vous n'en êtes mort avant-hier, que vous êtes en phase de rénovation intérieure et que les choses vont progressivement s'améliorer ! Cela étant posé, respectez malgré tout quelques rituels de base.

 Exercice : Le sommeil, ça se prépare !
> *Dînez léger et au moins deux heures avant de vous coucher.*

❯ *Évitez les excitants et ne dépassez pas deux verres de vin : l'alcool favorise certes l'endormissement, mais en deuxième partie de nuit, il altère le sommeil paradoxal qui produit les rêves et joue un rôle important dans la mémorisation et la créativité.*

❯ *Commencez une collection d'infusions et variez les plaisirs d'un soir à l'autre.*

❯ *Vaporisez quelques gouttes d'huile essentielle de lavande vraie au-dessus de votre lit.*

❯ *Enfilez votre tenue de nuit au moment de vous coucher et pas avant, sinon votre cerveau ne comprendra pas qu'il doit commencer à se mettre en veille.*

❯ *Évitez les écrans juste avant d'aller dormir et bannissez-les de votre chambre.*

❯ *Allez vous coucher un peu plus tôt. Même si vous ne dormez pas, votre corps est au repos et vous vous détendez.*

❯ *Ne lisez pas plus d'un quart d'heure, sinon vous réveillez votre cerveau au lieu de le distraire et de l'apaiser.*

❯ *Veillez à baisser la température de votre chambre et à ce qu'elle soit bien obscure pour la transformer en sanctuaire (sauf si vous habitez la campagne et que vous n'avez d'autres bruits alentour que ceux du jardin. Dans ce cas, vous pouvez laisser les volets ouverts et vous réveiller avec la lumière du jour).*

MON TRUC PERSO

« Quand je n'arrive vraiment pas à m'endormir, j'écoute à très faible volume (soit dans mes écouteurs qui tombent tout seuls à un moment, soit sur le lecteur CD qu'avait mon fils quand il était petit !) *40 voix,* du Huelgas-Ensemble, une merveille de chants Renaissance, célestes et apaisants. Ou bien, j'écoute la piste audio du livre *Ma Méthode de sophrologie pour bien dormir*.* Dans les deux cas, mon esprit est focalisé sur les voix et plus sur mes ruminations. Je n'ai qu'à me laisser guider. »

L'art de la microsieste

Le coup de fatigue du début d'après-midi est physiologique, mais il est évidemment plus prononcé si vous vous sentez somnolent depuis le matin. La solution idéale, dans ce cas, c'est encore une fois de vous écouter et de faire une

---

* De Carole Serrat et Laurent Stopnicki, Leduc.s Éditions, 2016.

microsieste de moins de 10 minutes, qui vous redonnera concentration et énergie. Si vous n'avez pas de problèmes d'insomnies, vous pouvez vous octroyer, en cas de besoin, une sieste de 20 minutes, mais au-delà, vous vous sentirez pâteux et vous aurez du mal à revenir à vos activités normales.

 Exercice : Microsieste, mode d'emploi

> ❯ _Mettez-vous à l'aise (desserrer ceinture, cravate, boutons, lacets) et asseyez-vous._

> ❯ _Programmez votre réveil pour vous rassurer._

> ❯ _Calez votre tête, trouvez une position confortable pour votre dos et vos membres._

> ❯ _Concentrez-vous sur votre respiration abdominale._

> ❯ _Fermez les yeux et visualisez des formes et des couleurs agréables, faites des cercles avec vos yeux derrière vos paupières fermées (dix fois dans un sens, dix fois dans l'autre), puis laissez-les partir vers le haut en tentant de vous sentir vous enfoncer le plus profondément possible dans votre fauteuil._

> ❯ _Prenez le temps de renouer avec votre environnement, physiquement et mentalement, avant de vous lever._

❯ *Soyez patient si vous avez le sentiment que « ça ne marche pas ». Cette courte période de relaxation vous sera déjà bénéfique. Persévérez. La microsieste demande un peu de pratique.*

MON TRUC PERSO

« Chez moi, quand je sens que mes paupières sont à deux doigts de se fermer toutes seules, je mets de la musique douce au niveau le plus bas, je m'assois en tailleur sur mon canapé, le dos bien droit, la tête calée contre un coussin et je laisse ma tête tomber trois fois de suite sur ma poitrine. C'est tout et c'est ultra-efficace : j'ai l'impression d'avoir "réinitialisé mon disque dur". À mon bureau, je pose le front dans mes mains. »

CHOUCHOUTEZ VOTRE CORPS

Il est le siège de vos tensions, votre lanceur d'alerte n° 1. Si vous l'écoutez bien, vous savez quand vos ruminations dépassent les bornes : maux de tête, maux d'estomac et ballonnements, problèmes de peau, crampes... la liste des « symptômes » peut être longue ! Si vous considérez encore votre corps comme un esclave, uniquement destiné à servir votre esprit, il est temps d'admettre que les deux sont plus intimement liés que vous ne voulez bien l'admettre ! Alors n'ignorez pas tous ces appels à vous faire du bien et accueillez-vous avec douceur et tendresse. Prendre physiquement soin de vous vous aidera à vous considérer comme un tout, à vous unifier, à renforcer votre confiance en vous.

Des home sweet soins

Faites-vous couler un bain, prélassez-vous et rêvassez pendant une demi-heure.

Choisissez une huile ou une crème pour le corps dont vous aimez l'odeur et la texture et massez-vous ou, mieux encore, faites-vous masser par votre partenaire (que vous masserez en retour). Crâne, tempes, joues, nuque, dos, bras, jambes, ventre : non seulement l'exercice vous détendra tous les deux mais il vous rapprochera ou vous amusera. Le toucher bienveillant fait du bien, même si vous n'êtes pas kiné.

D'une manière générale, prenez du temps pour vous accorder des soins du corps maison : masques, gommages...

Confiez votre corps aux experts !

Offrez-vous (ou faites-vous offrir) régulièrement une séance de massage aux huiles essentielles (crâne, pieds, corps entier... les formules ne manquent pas), une après-midi au spa ou, si vous préférez, au sauna ou au hammam.

Prenez l'habitude, comme les Asiatiques, de consulter un thérapeute qui prend en compte le corps dans sa globalité, même si vous ne souffrez d'aucune « pathologie ». Tous les six mois, allez faire un bilan chez un ostéopathe et/ou un acuponcteur.

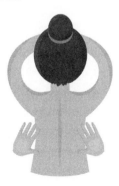

Chapitre 4

Libérez votre créativité

Maintenant que vous vous sentez plus léger, plus détendu, et que vous commencez à y voir plus clair, vous allez pouvoir rallumer une créativité toute poussiéreuse, jusque-là totalement éteinte par vos croyances. Pourquoi faire ? Parce que la créativité est une source d'énergie positive que chacun a en soi et qui permet de voir la vie sous un jour plus joyeux, plus ludique. Tout le monde peut être créatif et vos antennes cérébrales toujours déployées vous y prédisposent tout spécialement.

PRENEZ CONSCIENCE QUE VOUS ÊTES CRÉATIF

Sommes-nous bien sur la même longueur d'onde ? Sans réfléchir, répondez à la question suivante : qu'est-ce qu'être créatif selon vous ? Je suis sûre que vous êtes nombreux à avoir répondu : un créatif est un artiste, un peintre, un comédien, un musicien ou encore un romancier. Autrement dit, quelqu'un d'autre que vous ! Surtout si, à 3 ans, vous ressembliez à cet enfant de petite section, selon lui (déjà) « nul » en dessin parce qu'il ne parvenait pas à représenter le dauphin qu'il avait dans la tête... Pourtant, même en restant amateur, vous pourriez vous aussi devenir un « artiste » et à coup sûr, il vous arrive déjà d'être créatif sans le savoir, quand vous réalisez une salade avec ce que vous avez dans le frigo, quand vous décorez un gâteau d'anniversaire, quand vous confectionnez une cabane pour les enfants, quand vous refaites votre salle de bains, quand vous rêvez... Sans vous en douter, peut-être l'êtes-vous même dans votre métier parce que vous y êtes autonome (avocat, architecte, plombier, boulanger-pâtissier, professeur...), parce qu'on vous a laissé développer un nouveau process dans votre entreprise, ou encore parce que vous avez imaginé qu'intégrer untel au projet Z serait intéressant, alors que personne avant vous n'y avait songé. Il existe mille et une façons d'être créatif. Mais à force d'écouter vos croyances de base (« tu n'as vraiment aucune imagination », « tu ne seras jamais capable de faire ça »), de tenter de vous hyperadapter aux consignes environnantes à grand renfort de « concentre-toi », « il faut », « tu dois », « arrête de t'éparpiller », vous avez fini par effectivement ne plus être créatif. Vous avez beau chercher, vous n'avez pas d'idées, vous êtes sec. Or comprenez bien une chose : ça n'est tout bonnement pas possible.

Vous êtes naturellement créatif parce que :

- Vous avez des capteurs surdéveloppés qui enregistrent tous les stimuli, toutes les sensations, toutes les émotions qui vous entourent. Et pas seulement les plus sombres ! Vous disposez donc d'un matériau très riche et très varié.
- Votre perception particulièrement fine de la lumière, des couleurs, des sons, des matières, des sentiments a développé chez vous un sens aigu du beau, du bon, du juste. Vous avez une grande capacité d'émerveillement.
- Vous pensez en arborescence, donc vous avez accès, en temps réel, à une multitude d'idées, des plus banales aux plus originales. Sans tri.

Ces aptitudes singulières, qui permettent rencontres et connexions insoupçonnées, font naître la fantaisie, l'insolite, l'inattendu.

 Exercice : Captez le positif !

> *Dans les transports en commun, au bureau, en soirée, entraînez vos capteurs à se tourner vers les émotions joyeuses. Vous enrichirez votre patrimoine émotionnel positif !*

RÉVEILLEZ VOTRE CRÉATIVITÉ

Avant de vous aider à mieux « optimiser » votre créativité, commencez dans un premier temps par l'extraire de son long sommeil et trouvez-lui de quoi s'épanouir. Existe-t-il un loisir créatif qui vous a toujours attiré sans que jamais vous n'osiez vous y adonner (le modélisme, le tricot, le modelage, la couture, la peinture, la cuisine, l'improvisation théâtrale...) ? Prenez votre courage à deux mains et inscrivez-vous à un cours ou lancez-vous tout seul, via Internet. Il existe des tutoriels pour tout désormais.

 Exercice : Réveillez votre créativité
Installez-vous tranquillement à la table de votre salon, dans votre jardin ou dans tout autre endroit ressourçant et sortez des feuilles blanches et des feutres ou des crayons de couleurs. Pendant une heure, dessinez ce que vous voulez.

MON TRUC PERSO

« J'avais toujours été attirée par le travail de la terre, mais comme je me trouvais piètre dessinatrice (!), je n'avais jamais osé. Un jour, sur

→

119

l'insistance d'une amie qui prenait des cours de modelage, je l'ai suivie. J'étais terrorisée, persuadée que je n'allais rien pouvoir faire d'autre qu'un "boudin" et que tous les élèves, autour de la grande table en bois, allaient se moquer de moi en silence (« I » dans GRIMPA !). Mais ils se sont montrés très bienveillants, tout en restant affairés à leur propre œuvre, et j'ai fait un masque formidable, une sorte de réplique du *Cri* d'Edvard Munch (en toute modestie !). Dès la première séance, je me suis non seulement aperçue qu'à mon niveau, je savais créer quelque chose, mais aussi que je pouvais réaliser en 3D des objets que je n'aurais pas su dessiner. »

Je peux vous assurer que vous allez être satisfait à plusieurs niveaux : en premier lieu, vous serez fier de vous être lancé et d'avoir dépassé votre crainte du ridicule. Ensuite, vous serez heureux de pouvoir laisser galoper votre imagination sans crainte, puisque votre seule ambition sera de produire quelque chose qui vous amusera et vous plaira. Sans autre enjeu. Enfin, vous aimerez le résultat, vous éprouverez tendresse et indulgence pour vous-même et vous doperez votre estime de soi.

POUR RÉSUMER

- Si vous avez constaté que vous pensiez trop, vous avez accompli un excellent premier pas. Mais pour pouvoir mettre en place des stratégies de changement, vous devez aussi l'admettre. Si vous ne parvenez pas à en être persuadé, interrogez vos amis.
- Une fois convaincu que vous avez un « problème », retroussez vos manches et armez-vous de courage, de patience et de méthode pour affronter vos ennemis intimes. Il s'agit de ces critiques et reproches qui vous ont toujours été opposés parce que « vous coupez les cheveux en quatre », vous voulez « toujours avoir raison », vous n'êtes « jamais content »... Vous les avez intériorisés au point d'en avoir fait vos propres croyances.
- Ces certitudes négatives que vous avez sur vous-même fonctionnent comme des filtres

qui vous font tout voir de travers. Les psychologues considèrent qu'il existe six filtres majeurs, qu'ils ont résumés sous l'acronyme GRIMPA. Pourtant, ces croyances ne sont que des croyances. Elles ne sont pas la réalité. Une fois que vous les avez identifiées, vous pouvez parfaitement les décortiquer, les démonter et les remplacer par d'autres, positives et constructives.

- Reparti sur de meilleures bases, ralentissez et faites-vous du bien. Trouvez-vous une activité relaxante – méditation de pleine conscience, sophrologie, sport ou autre – et prenez soin de votre sommeil. Adoptez des rituels d'endormissement qui, même s'ils ne vous font pas plus et mieux dormir, vous apaiseront, et apprenez l'art de la microsieste.
- Cessez de considérer votre corps comme l'esclave de votre cerveau. Écoutez-le, chouchoutez-le par des soins maison, des massages, des soins d'acuponcture ou d'ostéopathie.
- Libérez votre créativité. Vous n'avez pas besoin d'être Michel-Ange ou Mozart pour faire de jolies choses et, finalement, être content de vous !

COMMENT
PENSER MIEUX...

Chapitre 1

Organisez vos idées

Calmé, nettoyé et réinitialisé, votre mental est prêt à donner sa pleine (bonne) puissance. Rappelez-vous qu'il s'épanouit dans la complexité, qu'il établit des connexions ultra-rapides et qu'il est naturellement créatif. C'est le moment d'adopter les bonnes méthodes pour tirer parti de toutes ses potentialités.

Pour pouvoir consacrer de l'attention à ce qui en vaut vraiment la peine, vous ne devez pas passer trop de temps sur ce qui n'en mérite pas. Il est donc impératif que vous appreniez à ranger, organiser, planifier, établir des priorités ! À la base, ce n'est pas exactement votre fort ! Vous avez plutôt du mal à vous rassembler. Avec quelques outils et un peu de méthode, votre vie va changer !

LIBÉREZ VOTRE ESPACE MÉMOIRE !

Le principe est simple : vous avez trop de choses en tête, donc vous devez vous faire de la place pour pouvoir vous pencher sur ce qui mérite vraiment réflexion. Déléguez une partie de votre mémoire vive à vos « secrétaires particuliers ».

Devenez Mme To-do-list

La liste des tâches à accomplir doit devenir un rituel. Dans l'idéal, vous en avez plusieurs : une pour chaque jour, une pour la semaine, éventuellement une pour le mois, que vous enrichissez, amendez, au fur et à mesure.

Fixez les incontournables

Votre plus fidèle compagnon s'appelle « M. Agenda » et peu importe qu'il soit électronique ou papier. Dès que vous avez connaissance d'obligations programmées à une date et un horaire précis (réunion, rendez-vous chez le dentiste, rencontre parents-pro

fesseurs...), notez-les, assorties de tous les éléments nécessaires (adresse, codes d'entrée, contact avec numéro de téléphone...). Ces impératifs vont constituer la base de votre to-do-list. Ça paraît idiot, mais dans la précipitation, par flemme ou parce qu'ils font excessivement confiance à leur mémoire déjà saturée, nombre d'hyperpenseurs se passent d'agenda... Moyennant quoi, ils se mélangent les pinceaux à un moment ou à un autre...

Inscrivez *THE* priorité du jour

Dans le temps qui vous reste, vous allez devoir caler tout ce qui semble nécessaire. Idéalement, faites-le la veille du jour considéré. Commencez par établir une première liste sur une feuille A4, un cahier ou la fonction « Notes » de votre smartphone, peu importe. Problème : de « acheter du dentifrice » à « appeler mamie », en passant par « préparer la réunion avec untel », vous allez vite vous retrouver avec un milliard de choses à faire. Une seule règle alors : É-LI-MI-NEZ ! Regardez bien votre liste et demandez-vous ce qui ne peut pas attendre : ce sera votre priorité du jour.

Ajoutez trois à cinq tâches secondaires

Restent donc le dentifrice, mamie... Là encore, demandez-vous ce qui ne revêt ni un caractère d'urgence, ni une importance capitale et ne retenez que trois à cinq tâches. Vous constaterez alors qu'il y a peu de chose réellement notables à effectuer dans une journée et que ça ne vaut pas le coup de se tourmenter autant. Vous apprendrez aussi à déléguer : peut-être votre conjoint, l'un de vos enfants, un(e) collègue ou une assistante pourrait-il(elle) aller acheter du dentifrice à votre place ?

" *Témoignage – Laurence, 32 ans, secrétaire de direction*

« La liste est un outil, un cadre qui me rassure. » **"**

N'oubliez pas les pauses

Il y a celles correspondant à votre cours de Pilates ou à la salle de gym et que vous avez noté dans les incontournables, mais il y a aussi les petites parenthèses informelles, pour souffler.

Dressez une liste noire

Tous les jours, nous nous rappelons les choses à faire qui nous rebutent, par ennui ou par peur. Ce peut être un appel téléphonique que nous redoutons de passer, un e-mail de recadrage que nous devons envoyer à un fournisseur, une mauvaise nouvelle à annoncer... Établissez-en la liste et soyez vigilant : parmi ces tâches déplaisantes se cache peut-être votre priorité du jour ! Traitez-la sans délai pour qu'elle ne vous parasite plus et procédez avec les autres comme vous le faites avec vos tâches secondaires : donnez-leur un rendez-vous dans la journée ! Si elles frappent avant l'heure à votre porte (au hasard la veille au soir, pile au moment où vous vous glissez sous la couette...), rappelez-leur l'horaire fixé.

Faites un bilan quotidien

Pour vous assurer d'être tous les jours content de vous, prévoyez au moins une tâche que vous êtes certain de réaliser dans la journée ! Chaque soir ensuite, au moment de quitter votre travail ou de vous coucher, rayez toutes celles que vous avez effectuées. Acceptez de n'avoir pas toujours suivi votre plan à la lettre et reportez ce que vous n'avez pas eu le temps de faire. Il arrive que tout ne se passe pas toujours comme prévu, c'est normal.

METTEZ À PLAT VOTRE RÉFLEXION

Maintenant que M. Agenda et Mme To-do-list gèrent les affaires courantes, vous avez davantage de temps à consacrer à ce qui réclame un peu plus d'investissement... Faites en sorte que tous les éléments nécessaires à votre réflexion soient canalisés et organisés. Un travail de collecte et de synthèse qui ne vous est pas forcément familier car votre pensée en feu d'artifice se prête naturellement mal à une habituelle classification verticale de type « premièrement »,

« deuxièmement », « troisièmement ». Heureusement, il y a d'autres méthodes.

Cartographiez vos idées

Prenez une feuille de papier A3 dans le sens horizontal, un crayon de papier et des feutres. En partant de votre problématique de base, mettez à plat vos idées et dessinez une carte mentale (carte heuristique ou « *Mind Map* »). C'est tout bonnement la traduction physique de votre arborescence mentale. Nous allons en réaliser une première ensemble, très simple, pour que vous en compreniez le principe.

 Exercice – Ma carte de courses

> *Le centre : au milieu de la feuille, inscrivez votre problématique de base que vous allez résumer par un mot-clé (courses).*

> *Les branches principales : du centre partent ensuite les branches principales, chacune terminée par un nouveau mot-clé (légumes, produits ménagers, viande-œufs, laitages, grignotage...).*

> *Les branches secondaires : chaque mot-clé principal détermine des branches secondaires (légumes : haricots, courgettes,*

salade ; laitages : beurre, yaourts nature, crèmes vanille...).

À quoi appliquer la « Mind Map »

La carte mentale peut vous aider à :
- Développer vos to-do-list pour ne rien oublier (l'organisation de vos valises, d'un dîner, des menus de la semaine...).
- Décortiquer une tâche (le plan d'un exposé), un besoin (poste de secrétaire à pourvoir), un projet (idée de roman, maison à faire construire...).
- Synthétiser vos prises de notes, résumer un document ou un cours.
- Gérer votre flux d'activités professionnelles dans une durée : « tâches semaine » à traiter tout de suite, à classer, à traiter dans la semaine, sans urgence.

Les règles à respecter

La carte mentale est un travail de synthèse.

- Ne développez pas, mais utilisez des mots-clés et des numéros qui renverront à des notes explicatives. Si vous notez tout, vous aurez une carte illisible.

- Ne dépassez pas huit branches principales.
- Faites plusieurs cartes au lieu de multiplier la même à l'infini.
- N'hésitez pas à vous appuyer sur l'informatique qui permet un rendu plus clair (pas de brouillons) et plus professionnel. Il existe des logiciels gratuits de « Mind Mapping ».

Les avantages du « Mind Mapping »

- Vous avez clarifié, simplifié votre chemin mental en le couchant sur papier et en distinguant les grandes masses d'abord, les détails ensuite.

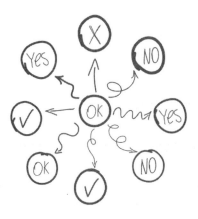

- Vous avez une vision globale et immédiate de votre problématique centrale.
- Vous pouvez mélanger textes et images en remplaçant des mots par des pictos ou des photos (utiles pour résumer un concept).
- Si vous utilisez par exemple votre carte pour représenter un projet en cours, vous êtes naturellement poussé à réfléchir plus loin car la « *Mind Map* » est évolutive.

Chapitre 2
Transformez votre créativité en projets !

Votre créativité dormante a été réveillée, vous vous êtes (re)découvert de nouvelles aptitudes et vous êtes fier de vous. À ce stade, vous savez donc vous mettre en mode « créatif » quand vous êtes plongé dans votre activité « créative » et repasser en mode non créatif le reste du temps. C'est un excellent premier pas ! Vous avez repéré l'interrupteur ! Reste maintenant à l'allumer dans votre vie de tous les jours et votre vie professionnelle, quand vous voulez concrétiser une idée.

CONSERVEZ VOS IDÉES

Tous les jours, vous êtes interpellé, intrigué par des informations, des idées, des images qui résonnent en vous sans que vous en compreniez la raison et que vous ne retenez pas. Ne les laissez plus passer, sortez vos filets !

Faites-vous un cahier d'idées

Imitez les architectes, décorateurs, stylistes de mode et directeurs artistiques

Trouvez-vous un joli cahier, bloc-notes, carnet, qui deviendra votre « boîte à idées ». Inscrivez-y toutes les idées, remarques, citations, observations, qui vous traversent l'esprit au cours de la journée (nous avons tous des temps morts qui nous autorisent à sortir notre carnet !) : ici, une petite phrase entendue à la radio, là, une suggestion d'activité pour les vacances, ou la remarque d'un collègue... Vous pouvez aussi y coller des articles de journaux ou de magazines, des photos prises avec votre smartphone, des dessins, des croquis... Et également noter les références d'un son que vous aurez préalablement enregistré via votre téléphone.

En fonction de vos envies et de vos besoins, vous transformerez donc votre cahier en journal intime, en scrapbook, en dossier de dépêches. Choisissez-le suffisamment petit et résistant pour pouvoir l'emporter partout avec vous dans une poche, un sac  à main ou à dos... Mais attention, quelques règles s'imposent pour que votre cahier conserve sa fonction de recueil d'idées !

Vos idées ne sont pas vos tâches !

Ne confondez pas votre cahier d'idées avec autre chose. Il n'est ni votre agenda, ni votre to-do-list, ni votre répertoire téléphonique ou votre carnet d'adresses ! Ne mélangez pas.

Sachez retrouver vos idées !

Si vous vous souvenez d'avoir consigné quelque chose, sans parvenir à vous rappeler quand et dans quel cahier, ça ne sert pas à grand-chose ! Moralité : datez chacune de vos prises de notes,

titrez-la et, au besoin, sourcez-la (par exemple :
« le journal de 20 heures de France 2, tel jour »).
Essayez de vous constituer une collection de
cahiers identiques (pour ne pas les confondre
avec d'autres), rangez-les tous au même endroit
et numérotez-les sur la page de couverture et/
ou sur la tranche, comme le font les magazines.

Parcourez régulièrement vos cahiers

Consultez-les périodiquement pour repérer
les idées et observations récurrentes qui vous
apparaissaient peut-être anecdotiques sur le
moment mais qui font davantage sens avec le
recul... jusqu'à peut-être faire naître chez vous
l'intuition que vous pouvez en faire quelque
chose (le fil conducteur de votre prochain dîner
ou de votre prochaine conférence, un tableau,
un roman, un projet professionnel...) !

FAITES CONFIANCE
À VOTRE INTUITION

Il vous est sûrement arrivé de constater qu'à
tel moment, vous avez eu raison d'adopter telle

attitude : vous avez eu le « nez creux ». Parfois aussi, un événement se produit dont vous étiez certain. Même chose pour telle réponse que vous aviez pressentie, tel résultat que vous aviez « deviné », telle idée qui vous est apparue comme un début de projet. La plupart du temps, une fois la surprise passée, vous oubliez bien vite vos « prémonitions ». D'ailleurs, quand ces « flashs » surviennent, vous les balayez vous-même d'un revers de main et vous n'en parlez pas, de peur que les autres les considèrent comme des « élucubrations » ou se moquent de vos « prédictions » de médium. En aucun cas, vous n'envisagez cette intuition comme un outil. Pourtant, elle ne vous tombe pas dessus par magie, ni hasard. Elle est la conséquence directe de votre manière multidirectionnelle et instantanée de penser, le résultat d'un enchaînement logique que votre cerveau a opéré tout seul, dans son petit coin, et a gardé pour lui jusqu'à ce que l'occasion se présente. Pour faire court, on peut dire que l'intuition est une forme de déduction anticipée des choses, dont le bien-fondé s'impose à vous comme une intime conviction. Si vous avez des enfants, vous l'avez beaucoup utilisée quand ils étaient bébés, pour adapter votre attitude à leurs comportements. Quant à votre médecin traitant, il en a fait la base de sa « clinique ». En l'absence de symptômes manifestes, il peut malgré tout poser un diagnostic parce qu'il a associé ce que vous décrivez à ce qu'il a appris et ce qu'il a déjà observé. L'intuition n'a donc rien d'une vision ésotérique ! C'est une certitude intime et sensée, sur laquelle vous pouvez vous appuyer pour défendre vos idées, votre raisonnement, votre projet. C'est d'abord elle qui anime les entrepreneurs. C'est sur elle que se fondent tous les « business plans » !

 ***Exercice – Élémentaire,
mon cher Watson !***

À quel moment avez-vous fait preuve d'une intuition qui s'est vérifiée ? Plongez dans votre mémoire et essayez de lister les indices qui, finalement, ont pu vous amener à cette conclusion.

ADOPTEZ LA « MÉTHODE WALT DISNEY »

Si vous pensez tenir le début d'un projet, ou si on vous demande d'établir des propositions concrètes en réponse à telle problématique, vous allez devoir creuser et valider votre intuition. Pour vous aider, je vous propose la « stratégie Walt Disney », une méthode qui s'inspire de la manière dont le père de Mickey donnait naissance à ses idées et qui a ensuite été modélisée par un spécialiste en programmation neurolinguistique (PNL). Selon cette stratégie, une idée ne peut devenir réalité qu'après avoir été validée par trois observateurs, le « rêveur », le « réaliste » et le « critique ». Tous ces personnages coexistent en chacun de nous, mais ils interviennent à tort et à travers, sans s'écouter, en tentant chacun de prendre le pas sur les autres. Vous connaissez par cœur cet épuisant mécanisme de « oui, mais » qui créé la cacophonie dans votre tête et vous empêche d'être constructif, alors que seule la complémentarité respectueuse des trois permet au projet d'aboutir. Il faut donc organiser les débats.

Dirigez les débats

Imaginons que vous deviez trouver une initiative susceptible de doper le sentiment d'appartenance à votre entreprise, ou qu'ait germé en vous une idée de roman ou encore que vous ayez un objectif familial, comme la construction d'une maison sur un terrain que vous venez d'acheter. Voici, par ordre d'apparition, les personnages qui se pencheront sur votre idée ou votre problématique avec, pour seul objectif commun, identifier le meilleur projet et le faire aboutir ! Libre à vous d'incarner les trois acteurs ou de « jouer » en équipe !

Le rêveur : il imagine le projet

Oui, c'est bien celui qui crée tous vos scénarios et qui parfois, faute de cadre, s'emballe et vous effraie en vous projetant dans des situations dramatiques ! C'est lui le super créatif de la bande, c'est lui qui commence. Il va s'occuper du « quoi » de votre projet, par exemple « la maison à construire ». Allongé ou renversé en arrière sur son fauteuil, les pieds sur le bureau, le rêveur a carte blanche pour partir tous azimuts, sans aucune contrainte de budget, de formes, de couleurs, de matières, d'aménagements intérieurs et extérieurs... Sa seule obligation est de rester dans les clous de la thématique : la maison et son terrain. Pour nourrir son imaginaire, il fait automatiquement appel à sa giga banque de données : ses souvenirs, lectures, promenades, dessins, photos, musiques, consignés ou non dans son cahier d'idées... Ses questions : de quoi j'ai envie, à quoi ça ressemblerait, comment on y vivrait... Dans l'idéal, il fait plusieurs propositions, jusqu'à une complètement délirante, qu'il transmet ensuite au réaliste.

Le réaliste : il se demande comment réaliser le projet

Comme son nom l'indique, il a les pieds sur Terre. Il va s'intéresser au « comment » faire aboutir le projet, sans pour autant le censurer : de quoi aurons-nous besoin comme matériel, comme ressources humaines (ce qui devra être pris en charge par des professionnels, ce qui pourra être réalisé par des proches ou des bénévoles, ce que vous ferez vous-même), quels vont être les obstacles techniques, comment les contourner... Des allers-retours vont possiblement être nécessaires avec le rêveur pour revoir tel point, développer tel autre. Quand le

réaliste est prêt, il passe à son tour le projet au critique.

Le critique : il veut savoir « pourquoi » ce projet est le meilleur

Alors celui-là, vous ne le connaissez que trop bien ! Mais uniquement sous son aspect négatif de saboteur. Cette fois-ci, il va devoir se montrer constructif, autrement dit, fournir des remarques utiles à la réalisation du projet ! Vous comprenez maintenant pourquoi vous avez fait le ménage et remplacé vos croyances négatives par leurs doubles positifs ? Bref, le critique va s'interroger sur le « pourquoi » d'un tel projet. Quels sont ses avantages ? Ses inconvénients ? Comment peut-on encore l'améliorer ? Pourquoi ce budget ? Il va pousser les deux autres dans leurs retranchements, spécialement le rêveur qui va peut-être devoir revoir une nouvelle fois sa copie en tenant compte de ses conseils, puis la faire revalider par le réaliste, avant de la lui soumettre une dernière fois, pour ultime vérification.

Exercice – À vous de jouer !

Trouvez-vous un projet (si vous n'en avez pas déjà un !) et interprétez alternativement chacun des rôles ou jouez à plusieurs !

N'oubliez pas d'être bienveillant avec vous-même !

Cette méthode fait gagner en temps et en sérénité, à condition que chaque acteur puisse réellement faire valoir sa spécificité sans crainte d'être censuré par les deux autres, qui doivent travailler dans le même sens. En tant qu'hyperpenseur, vous avez un atout considérable : les trois personnages sont chez vous naturellement performants. Alors cadrez-les bien !

Mais soyez conscient que vous n'aurez pas de projet nouveau ou d'idée neuve tous les jours, et que savoir optimiser votre potentiel créatif ne vous empêchera pas, de temps à autre, de manquer d'imagination, voire de commettre des erreurs. Heureusement, comme vous avez appris à ne plus vous demander si vous « étiez vraiment capable de » (parce que vous savez désormais que oui !), vous persévérerez !

MON TRUC PERSO

Rien n'empêche chacun des personnages d'avancer dans sa réflexion en se servant de la « *Mind Map* ». Au contraire !

Chapitre 3

Passez à l'action

L'unique manière de stopper net votre petit vélo intérieur, c'est de lui ouvrir la porte ! Seule l'action concrète, la mise en pratique, permet de « sortir de soi ». Avec en prime, réconfort et satisfaction à la clé. Une seule condition toutefois : fermer immédiatement le bec à vos vieilles croyances. Je le répète : agir, ce n'est pas forcément réussir ! C'est oser, tester, affronter, se tromper, rater parfois, mais avancer toujours. Sans vous précipiter, puisque vous vous êtes donné le temps nécessaire.

RESPECTEZ VOS OBJECTIFS

Un objectif n'est pas une intention ! Ce n'est pas non plus un rêve, un fantasme. C'est un but précis et concret que vous allez atteindre. Par exemple, vous avez inscrit « préparation exposé » sur votre to-do-list, de même que son horaire (vendredi : 11 heures) et vous allez vous y atteler. Sur le fond, vous vous demandez juste comment vous allez procéder (sans vous perdre de nouveau en conjectures) !

Identifiez votre motivation profonde

Demandez-vous ce qui est important pour vous et qui vous servira de fil rouge dans la réalisation de votre objectif : convaincre un auditoire, perdre le moins de temps possible, être original...

❝ *Témoignage – Catherine, 51 ans, cadre supérieur*

« Quand je voyage, je tiens évidemment compte du temps qu'il est supposé faire dans le lieu où je me rends, mais je compose ma valise par couleurs. Je voyage en rouge, en bleu... » ❞

Checkez vos besoins

Il y a ce qui dépend directement de vous et ce qui n'en dépend pas mais dont vous allez devoir tenir compte pour atteindre votre objectif (dans le cas de la préparation de votre exposé, par exemple : les connaissances complémentaires d'un autre service ou d'un expert, le temps qui vous est imparti, la qualité sonore de la salle, la possibilité ou non de projeter des PowerPoint...). Si vous n'avez pas encore tout ce dont vous avez besoin, c'est le moment de demander.

Fixez-vous un délai

Mentalement, vous pouvez déjà vous faire une liste de quelques délais types qui vous serviront de base pour votre agenda : de 15 minutes pour une « action courante » (exemple : imaginer le menu de ce soir), à plusieurs heures pour un travail plus ardu. Cela vous permet de découper la réalisation de votre objectif en tranches au lieu de vous décourager ou de vous affoler si vous n'avez pas terminé dans un délai que vous aviez simplement mal évalué au départ. L'objectif que vous vous êtes fixé vendredi à 11 heures (« préparation exposé ») peut ainsi n'être qu'une étape dans la réalisation de votre travail.

Évitez le perfectionnisme !

Être parfait, trouver la « meilleure » solution ne peut pas être votre motivation profonde. C'est juste une contrainte impossible (la perfection n'est pas de ce monde !), qui produit inquiétude et frustration.

Positivez !

Bien sûr, nous ne poursuivons pas seulement des objectifs que nous nous sommes nous-mêmes choisis. Ce serait trop beau ! Certains nous sont imposés par notre travail, notre vie quotidienne... Parfois, nous n'avons pas envie de faire cet exposé, d'imaginer ce menu... Mais si vous transformez mentalement un « problème », une « contrainte », un « pensum » en « objectif », sans aucune connotation émotionnelle, vous vous y consacrerez plus facilement. Et vous serez encore plus heureux et soulagé de pouvoir rayer cette tâche-là en fin de journée. Un vrai cercle vertueux !

Maintenant que votre objectif est parfaitement défini et borné dans le temps, vous pouvez y aller car vous en avez les moyens et vous savez ce qui vous attend.

PRENEZ LES BONNES DÉCISIONS

Vous avez un choix à faire, une décision à prendre. Vous disposez de toutes les connaissances nécessaires pour vous prononcer mais vous n'y arrivez pas et ça vous turlupine, voire dans certains cas, ça vous affole. Comme d'habitude désormais : pas de précipitation, de la méthode et du bon sens.

Soyez rationnel !

Mettez l'émotion à distance

Ne décidez rien de manière impulsive, sous le coup d'une émotion, y compris parfois d'une émotion positive. Si vous vous sentez perturbé, vous pouvez noter tout ce qui vous passe par la tête pour vous en débarrasser ou vous en servir comme éventuel brouillon. Ensuite, attendez que le calme revienne, voire allez faire un petit tour. Un peu d'air vous fera du bien !

Coupez tout

Pendant le temps que vous vous serez fixé, acceptez de n'être là pour personne ou presque : éteignez le téléphone ou mettez-le en mode silencieux, ne consultez pas vos e-mails.

Reprenez vos graphiques

Dans un premier temps, n'hésitez pas à revenir à la « Mind Map ». Au centre : l'interrogation (exemple : vendre la maison), puis les branches principales (Avantages immédiats/Inconvénients immédiats/Conséquences), les branches secondaires (Avantages immédiats : futur domicile plus grand, plus adapté à nos goûts, vie alentour moins chère/Inconvénients immédiats : futur domicile plus éloigné, travaux à prévoir, nouvel emprunt.../Conséquences à long terme : temps de trajet domicile-travail allongé, nouvelles écoles...).

La « Mind Map » s'avère utile, comme on l'a vu, pour mettre à plat vos idées autour d'une problématique centrale et pour les organiser du plus important vers le plus accessoire. Mais elle ne vous aidera pas à choisir entre les différents éléments... Pour cela, rien ne vaut le tableau, idéalement « multicritère ».

Exercice : Faites un tableau multicritère

❯ *En titre général : l'interrogation (vendre la maison)*

❯ *En colonnes : Avantages/Inconvénients*

❯ *En lignes : les critères, qui reprennent les terminaisons de vos arborescences (temps de travail allongé, domicile plus grand...)*

❯ *Pour chaque critère, traduisez l'importance que vous lui accordez en lui attribuant de 1 à 3 points dans chaque colonne Avantages/Inconvénients (exemple : temps de trajet allongé = 2 points dans « Inconvénients » et 0 dans « Avantages »). Votre décision dépendra du nombre de points recueillis par « Avantages » et « Inconvénients ».*

Vous n'arrivez toujours pas à trancher ?

Demandez conseil

Demandez l'avis d'une ou deux personnes de confiance. Non seulement exposer à haute voix votre problématique vous fera du bien et calmera votre tension intérieure, mais cela vous permettra aussi de clarifier votre propos : « Ce qui se conçoit bien s'énonce clairement », vous connaissez la devise. Enfin, votre interlocuteur vous proposera peut-être un autre éclairage qui vous fera définitivement pencher d'un côté ou de l'autre de la balance.

Interrogez-vous

La décision que vous devez prendre aura-t-elle encore de l'importance dans un mois, dans un an ? Que se passera-t-il si vous vous trompez ? Ne pourrez-vous JAMAIS prendre une nouvelle décision qui réorientera ou annulera celle à venir ? En « discutant » avec vous-même, vous débloquerez peut-être quelques ultimes réticences. Et pour finir, n'oubliez pas que vous pouvez toujours vous appuyer sur votre intuition (« Au fond, de quoi ai-je vraiment envie ? »).

66 *Témoignage – Maya, 38 ans, marchand de biens*

« Avant, je voulais des réponses tout de suite, donc je faisais des choix précipités (notamment dans mon travail, quand je devais me décider sur l'achat ou la vente d'un appartement). Cela me mettait dans une forme d'insécurité. J'avais le sentiment de subir mes choix davantage que je ne les assumais. Un jour, j'attendais qu'un bien se libère, j'appelais l'agent tous les jours, et j'ai eu un déclic. J'ai compris que cet appartement ne méritait certainement pas que je reste à ce point focalisé sur lui. J'ai alors complètement lâché en me disant que je trouverais forcément autre chose bientôt, ce qui s'est produit. Depuis, je me sens beaucoup mieux. Je fais davantage confiance à la vie et à mon intuition. » 99

Chapitre 4

Travaillez plus !

Voilà un titre qui peut vous sembler bien paradoxal ! Après vous avoir invité à ralentir, trier et organiser vos idées pour vous aider à penser moins, je vous propose de travailler plus ! Mais souvenez-vous : votre cerveau a besoin de grain à moudre pour rester attentif et ne pas (re)tomber dans la frustration, l'ennui et la démobilisation qui le conduiraient tout droit sur le chemin des ruminations... Désormais optimisé, il n'attend plus que les missions qui le feront vibrer, et vous avec lui ! Car vous avez beau être cérébralement apaisé, il vous faut impérativement (beaucoup) réfléchir, imaginer, vous projeter pour vous sentir heureux, épanoui.

MULTIPLIEZ LES ACTIVITÉS PROFESSIONNELLES...

Si vous travaillez, rien n'est pire pour vous que de devoir exécuter une tâche répétitive, comme vérifier des procédures, faire respecter des règles... Travailler plus, dans ce cas, signifie juste avoir une charge de travail accrue, avec à la clé plus d'ennui. Vous traînez et vous effectuez le peu que vous avez à faire au dernier moment pour vous donner l'illusion d'avoir été un peu actif et efficace. Mieux, vous pouvez même remettre au lendemain une partie de ce que vous auriez largement eu le temps d'accomplir le jour même pour vous assurer que vous aurez au moins « ça » à faire... Non, ce dont vous avez besoin, c'est plutôt « d'autre chose », de plus nouveau, plus complexe, plus original. Et si vous pouvez même effectuer plusieurs « missions » de front, c'est encore mieux. On craint que vous vous « dispersiez » ? C'est tout le contraire. Votre cerveau est enfin mobilisé à plusieurs niveaux, comme il aime l'être, et vous voilà ultraconcentré. Subitement, vous êtes enthousiaste, organisé et efficace toute la journée, jonglant sans difficulté d'un dossier à un autre. Et vous ne procrastinez plus.

Les critères d'une « mission » professionnelle stimulante

Ça n'est pas une tâche à exécuter. C'est un objectif, un projet dont vous avez la charge et que vous menez de manière autonome. Cette mission requiert idéalement votre curiosité et votre sens du défi : elle réclame que vous exploriez un champ vierge, que vous imaginiez un nouveau concept, que vous trouviez la solution qui contournera une contrainte ou résoudra une difficulté technique, opérationnelle. Ce travail peut également faire appel à votre empathie et à votre aptitude à résoudre des problèmes en vous proposant une mission d'analyse et de conseil (en stratégie, en communication interne...).

... ET/OU PARAPROFESSIONNELLES

Si vous travaillez à votre compte (et que vous n'êtes pas écrasé de tâches routinières que vous jugez « débilitantes »), sans doute avez-vous davantage l'opportunité d'exercer plusieurs métiers en un. De même, si vous évoluez dans une structure hiérarchique compréhensive, ce type de missions vous est peut-être déjà proposé, ou bien vous avez vous-même la liberté de les suggérer. Mais il se peut que votre emploi ne vous permette pas de vous épanouir pleinement… Pourquoi alors ne pas vous trouver des missions extérieures ? Plus qu'une compensation, ce pourrait être l'occasion d'être en phase avec vous-même, d'être sur votre voie.

Élargissez votre périmètre professionnel

Peut-être votre métier vous permet-il de donner des cours dans des écoles professionnelles, de développer une activité de consulting ou de coaching ? Si tel est le cas, pourquoi ne pas vous lancer et finir par basculer d'un temps plein à un temps partiel ? Peut-être vos compétences professionnelles vous permettent-elles également de devenir conseiller prud'homal, juge au tribunal de commerce, élu à la chambre de commerce ou de métiers… Enfin, il se peut aussi que vous travailliez dans un secteur qui

intéresse les écoles et que vous puissiez sensi-
biliser, informer les enfants...

Tirez parti de vos compétences

Dans votre ville, votre quartier, on a certainement besoin d'individus comme vous pour
différentes activités citoyennes : conciliation
entre voisins, cours d'alphabétisation, soutien
scolaire, collecte et distribution de nourriture,
élu local... Le milieu associatif vous tend les
bras. Et si une structure existante ne vous tente
pas, pourquoi ne pas créer la vôtre ?

**" *Témoignage – Sylvain, 32 ans,
professeur des écoles***

« Dans mon village rural, c'était un peu le désert cultu-
rel. L'été notamment, les jeunes passaient leur temps
"à la ville", à une heure d'ici. Il y a quelques années,
j'ai décidé de monter une mini-fête de la musique
qui se tient maintenant chaque première semaine
d'août. J'ai créé une association et toute l'année,
nous préparons le programme, nous cherchons les
groupes, nous établissons un plan de financement...
Tout le monde est mobilisé : les paysans, les parents,
les jeunes... Aujourd'hui, on a deux petits chapiteaux,

un pour la buvette et l'autre pour les concerts, ainsi qu'une yourte-garderie pour les jeunes enfants, avec des tas de jeux et jouets prêtés ou donnés par les habitants. Ça nous a tous soudés et rendus fiers de nous. On envisage maintenant de monter des opérations festives ponctuelles le restant de l'année. » 🙿🙿

 Exercice : Et vous, que savez-vous et aimez-vous faire ?

Prenez 10 minutes pour lister vos compétences (souder, analyser des textes juridiques, faire des croissants, établir des business plans...) et vos goûts (voyager, rencontrer des gens, dessiner, cuisiner, bricoler, expliquer, lire, jardiner...). Dans quel type d'activités ces qualités pourraient-elles être réunies et s'exprimer ?

CONTINUEZ D'APPRENDRE !

S'ouvrir, s'enrichir, constater qu'on saisit désormais ce qu'on ne comprenait pas avant ou qu'on ne soupçonnait même pas : autant de sources de joie qui vous prouvent à quel point le monde est vaste et beau ! C'est le moment de vous demander quelles thématiques vous aimeriez approfondir.

 Exercice : Souvenirs d'école !

Avec le recul, quelle matière regrettez-vous de ne pas avoir assez étudiée : la philo, l'histoire, la biologie, l'anglais, la musique… ? Alors pourquoi pas maintenant ?

Les opportunités de vous cultiver, juste pour le plaisir, sans délivrance de diplôme, ne manquent pas. Et nul besoin d'être retraité pour assister à un cycle de conférences, prendre des cours le soir ou le samedi. Université de tous les savoirs, université inter-âges, université ouverte… chaque établissement supérieur ou presque à son programme pour adultes.

Mention spéciale aux langues étrangères !

Mais si vous voulez vraiment faire travailler votre cerveau, rien ne vaut l'apprentissage d'une langue étrangère ! Une récente étude menée par Albert Costa, expert en bilinguisme de l'université Pompeu Fabra, à Barcelone, le confirme : nous ne traitons pas de la même façon les informations que nous recevons dans une langue étrangère et celles que nous recevons dans notre langue maternelle. Dans l'autre langue, nous répondons d'une manière plus réfléchie, moins influencée par nos émotions. Nos conclusions et nos décisions sont davantage orientées vers l'efficacité, l'utilité. Pourquoi ? Sans doute, selon le chercheur, parce que nous sommes obligés de penser plus lentement dans une autre langue que la nôtre et que nous devons davantage nous concentrer sur notre interlocuteur. Autrement dit, nous appliquons, par la force des choses, ce que nous avons noté ensemble dans ce livre : nous ralentissons, nous nous regardons agir, nous nous concentrons sur « ici et maintenant ». Puis, dans un deuxième temps, nous organisons nos idées et mettons à plat notre réflexion avant de formuler notre réponse. Les ruminations n'ont ni le temps ni l'opportunité de s'exprimer ! Évidemment, penser en anglais ou en japonais ne nous dispense pas d'être émus, joyeux ou en colère. Mais nous devons nous oublier davantage, faire taire nos réticences, nos croyances négatives, pour nous risquer à aller vers l'autre et le comprendre. De plus – comble de joie pour l'hyperpenseur que vous êtes –, c'est l'occasion de constater à quel point votre sensibilité et votre empathie s'avèrent être de précieux atouts !

 ### *Exercice : Do you speak English ?*

Ou une autre langue étrangère ? Si oui et si vous avez un problème, une contrariété que vous voulez évoquer, ou si vous avez une négociation à mener, exercez-vous à le faire dans une autre langue que vous maîtrisez. Peu importe que vous ne soyez pas bilingue ! Si votre niveau ne vous le permet vraiment pas, ou si vous ne pratiquez aucune langue étrangère, c'est le moment d'apprendre : anglais, allemand, espagnol, mandarin, portugais, arabe littéraire... Le monde est à vous !

POUR RÉSUMER

Apaisé, réinitialisé, votre mental est prêt à donner la pleine mesure de ce qu'il sait faire : penser vite et efficacement. Faites-en maintenant bon usage !

- Pour pouvoir passer du temps sur les sujets qui méritent vraiment réflexion, déléguez le déroulé de la journée, de la semaine, du mois à M. Agenda et la liste des tâches à accomplir à Mme To-do-list !
- Vous allez maintenant pouvoir réfléchir à vos objectifs et projets, aux décisions que vous devez prendre. Mettez vos pensées à plat en les transcrivant sur une « Mind Map », sorte d'arbre généalogique horizontal. Posez la problématique générale au centre et faites-en partir les branches principales qui se déclineront ensuite en branches secondaires. La

carte mentale reproduit en quelque sorte votre pensée en arborescence et vous permet d'avoir une vue d'ensemble de votre problématique. Elle est de surcroît évolutive.

- Les projets que vous vous construisez ou qu'on vous confie dans votre vie quotidienne ou professionnelle font appel à votre potentiel créatif. Pour l'optimiser, commencez par ne plus laisser échapper les informations, images qui vous ont fugacement interpellé, intrigué, intéressé. Notez-les dans un cahier d'idées, qui deviendra votre journal intime, carnet de tendances, dossier de dépêches...

- Toutes les informations et sensations qui vous traversent et celles que vous consignez dans votre cahier d'idées nourrissent votre créativité et peuvent un jour faire naître chez vous l'intuition que vous tenez un projet. Pour faire aboutir cette conviction intime, adoptez la « stratégie Walt Disney ». Convoquez le rêveur, le réaliste et le critique et faites-les travailler ensemble jusqu'à ce qu'ils tombent d'accord sur un projet réalisable.

- Vous avez tout posé et organisé. Le plus dur est fait. Ne reste plus maintenant qu'à vous lancer. Sans précipitation. Respectez vos objectifs en les définissant dans la forme et dans le temps, et en les structurant sur le fond. Et prenez les bonnes décisions : laissez l'émotion de côté et déterminez-vous en fonction d'une liste de critères rationnels. Questionnez au besoin vos amis et n'oubliez pas d'interroger votre intuition...

- Enfin, n'hésitez pas à travailler plus. Vous avez beau avoir dompté votre mental, vous n'en restez pas moins un hyperpenseur qui a besoin de beaucoup réfléchir pour se sentir épanoui et heureux ! Mais travailler plus ne signifie pas augmenter la charge d'un travail déjà trop routinier. C'est utiliser ses compétences personnelles et professionnelles pour développer des initiatives stimulantes, au sein de votre structure professionnelle ou à l'extérieur. Et c'est aussi apprendre, sans autre objectif que de s'enrichir : prendre des cours du soir, assister à des conférences, approfondir ou découvrir une langue étrangère.

CONCLUSION

Au terme de cet ouvrage, j'espère vous avoir convaincu qu'être un hyperpenseur n'est pas un vilain défaut ! C'est au contraire une chance, qui fait de vous un individu spéciale-ment riche, capable de sentir et de ressentir plus fort le monde qui l'entoure, d'écouter plus finement ses semblables, de comprendre plus vite et plus globalement les problèmes, d'imagi-ner des solutions plus originales, d'inventer, de créer. Pour autant, je suis bien consciente que ce sont précisément ces qualités si singulières qui vous ont amené à vous sentir différent et vous ont poussé à vous déprécier, vous museler, vous éloigner de vous-même pour vous rapprocher des autres, de leur façon de penser et de leurs attentes. Vos ressassements sont le reflet de ce conflit intérieur, l'expression d'un mode de fonctionnement dévoyé à force d'être contredit.

Vous sentez et ressentez toujours, vous écoutez, comprenez, imaginez encore, mais vos pensées tournent en rond, en vain, faute de trouver à se concrétiser.

Donner des perspectives réelles à vos rumina-tions, sortir votre potentiel de la stérilité et de l'inertie, tel était mon objectif. Je vous ai donc invité à vous regarder en face, incité à identifier vos croyances négatives pour mieux les démon-ter et les remplacer par leurs doubles positifs, poussé à cerner vos motivations intimes, à repé-rer votre intuition et à vous appuyer sur elle. Je vous ai fourni des méthodes et des outils pour vous aider à organiser vos idées et à les faire aboutir : to-do-list, « Mind Map », tableau multi-critère, « stratégie Walt Disney ». Je vous ai même suggéré de travailler plus !

Peut-être vous êtes-vous dit que penser moins, c'était vraiment « du boulot » ! C'est en effet ma conviction. Je ne crois pas aux incantations. Je ne crois qu'à l'action. Pour arrêter de penser en rond, il faut penser en vrai. Pas d'autre option possible. Cela exige du courage, beaucoup de réflexion et de la détermination. Ça tombe bien, vous êtes « cérébralement programmé » pour ça. Et quelle récompense ensuite ! Quel bonheur de se sentir (de nouveau) sur son axe : plus besoin de lutter pour garder l'équilibre ! Parvenir à se regarder avec indulgence, oser sans s'imposer de réussir ou d'être parfait, accueillir sans réserve ses émotions positives, lâcher prise sans craindre de perdre pied parce que l'intuition est là, qui veille, quel soulagement, quelle joie ! En pensant moins pour penser mieux, vous vivrez plus. Plus de rires, plus d'émerveillement, plus d'amour. En vous recentrant sur vous, vous serez prêt à accepter la vie comme on entre dans une danse, en vous laissant porter par le flot, le rythme. Et alors, j'aurai gagné mon pari.

PETITE BIBLIOGRAPHIE POUR CELLES ET CEUX QUI VOUDRAIENT PENSER PLUS LOIN !

Arielle Adda et Thierry Brunel, *Adultes sensibles et doués ; trouver sa place au travail et s'épanouir*, Odile Jacob, 2015.

Aurore Aimelet, *La Pensée positive, c'est malin,* Leduc.s Éditions, 2014.

Catherine Aliotta, *Pratiquer la sophrologie au quotidien ; une source de bien-être pour tous*, InterEditions, 2012.

Marie-Laurence Cattoire, *La Méditation, c'est malin,* Leduc.s Éditions, 2014.

Yves Citton, *Pour une écologie de l'attention*, Le Seuil, 2014.

Matthew B. Crawford, *Contact ; pourquoi nous avons perdu le monde et comment le retrouver*, La Découverte, 2016.

Monique de Kermadec, *L'Adulte surdoué à la conquête du bonheur*, Albin Michel, 2016.

Daniel Kahneman, *Système 1 Système 2 ; les deux vitesses de la pensée*, Flammarion, 2012.

Soizic Michelot et Anaël Assier, *Comment ne pas finir comme tes parents ; la méditation pour les 15-25 ans*, Les Arènes, 2016.

Christel Petitcollin, *Je pense trop ; comment canaliser ce mental envahissant*, Guy Trédaniel Éditeur, 2010.

Carole Serrat et Laurent Stopnicki, *Ma Méthode de sophrologie pour bien dormir*, Leduc.s Éditions, 2016.

Jeanne Siaud-Facchin, *Trop intelligent pour être heureux ? L'adulte surdoué*, Odile Jacob, 2008.

TABLE DES MATIÈRES

SOYEZ MALIN !

176 pages
6 €

Achevé d'imprimer en Espagne
par Novoprint
Dépôt légal : janvier 2017